陈 进◎编著

抖音电商

巨量千川运营
广告投放
短视频引流
直播带货一本通

清华大学出版社
北京

内 容 简 介

如何提升巨量千川的投放效果？怎样选择恰当的广告类型和工具？
如何通过短视频增加账号流量？怎样才能提高直播带货的转化率？
以上这些关键问题，你都可以从本书中找到答案，即使是新手，也可成为电商达人！

本书通过巨量千川、实操详解、抖音广告、广告投放、内容引流、抖音引流、站外引流、主播培养、直播运营、粉丝运营和直播带货这11个方面，对巨量千川平台、抖音广告、短视频引流和直播带货的相关内容进行专业、详细的分析，帮助大家快速掌握抖音电商运营、引流和变现技巧，成为一名合格的抖音电商运营者！

本书不仅适合普通抖音运营者掌握短视频引流、直播带货技巧，快速提升自身带货能力；还适合品牌方和各类商家掌握巨量千川和广告投放技巧，提高商品的曝光量和销量；也适合普通大众增加对抖音电商的了解，快速玩转抖音电商运营。另外，本书也可作为高等院校及培训机构的参考用书，对此本书提供了教学用的PPT课件和电子教案，可扫描封底的"文泉云盘"二维码获取。

本书封面贴有清华大学出版社防伪标签，无标签者不得销售。
版权所有，侵权必究。举报：010-62782989，beiqinquan@tup.tsinghua.edu.cn。

图书在版编目（CIP）数据

抖音电商：巨量千川运营、广告投放、短视频引流、直播带货一本通 / 陈进编著. 一北京：清华大学出版社，2023.10（2025.7重印）
ISBN 978-7-302-64721-8

Ⅰ.①抖… Ⅱ.①陈… Ⅲ.①网络营销 Ⅳ.① F713.365.2

中国国家版本馆 CIP 数据核字（2023）第 192540 号

责任编辑：贾旭龙
封面设计：秦　丽
版式设计：文森时代
责任校对：马军令
责任印制：刘　菲

出版发行：清华大学出版社
网　　址：https://www.tup.com.cn, https://www.wqxuetang.com
地　　址：北京清华大学学研大厦A座　　邮　编：100084
社 总 机：010-83470000　　邮　购：010-62786544
投稿与读者服务：010-62776969，c-service@tup.tsinghua.edu.cn
质量反馈：010-62772015，zhiliang@tup.tsinghua.edu.cn

印 装 者：三河市君旺印务有限公司
经　　销：全国新华书店
开　　本：145mm×210mm　　印　张：7.375　　字　数：203千字
版　　次：2023年10月第1版　　印　次：2025年7月第4次印刷
定　　价：69.80元

产品编号：101044-01

PREFACE 前言

在抖音电商热度不减的情况下，巨量引擎平台和抖音官方仍在不断完善与推出新的电商工具，为运营者和商家的营销推广再添新助力。

巨量千川就是巨量引擎为了让运营者和商家能更快速、更方便、更精准地实现推广诉求而推出的智能营销平台，通过巨量千川，运营者和商家可以一站式创建和实施投放计划。

另外，抖音官方提供了3种广告类型和两大广告工具，并制定了详细的广告审核规定，在满足不同营销需求的同时，也能避免平台内出现不良广告，影响用户观感。

对于抖音电商运营者而言，除了投放巨量千川和广告，短视频引流和直播带货也是运营过程中必须掌握的两大技巧。只有这样，才能增加自己的视频和账号的流量与曝光量，提高直播间的销量。

本书共有11章内容，主要从巨量千川运营、广告投放、短视频引流和直播带货这4个方面进行阐述，具体内容安排如下。

（1）巨量千川运营：第1章和第2章介绍了巨量千川平台的基本概况、投放技巧和平台功能，帮助读者快速掌握巨量千川平台的使用技巧。

（2）广告投放：第3章和第4章介绍了在抖音上投放广告的优势、类型、工具以及提高推广效果的技巧，详细介绍了开屏广告、信息流广告、搜索广告、DOU＋和企业号的优势、类型和使用方法，帮助读者挑选合适的广告类型和工具。

（3）短视频引流：第5章～第7章介绍了内容引流、抖音平台引流和站外平台引流的方法与技巧，帮助读者掌握42个短视频引流技巧。

（4）直播带货：第8章～第11章介绍了主播的培养方法、直播运营的操作技巧、粉丝运营的方法和直播带货的技巧，帮助读者从零开始打造高转化率的直播间。

特别提示：在编写本书时，笔者是基于当前各平台相关的软件和后台界面截取的实际操作图片，但书从编辑到出版需要一段时间，在这段时间里，软件界面与功能可能会有所调整与变化，这是平台做的更新，请在阅读时，根据书中的思路学会举一反三。

本书由陈进编著，参与编写的人员还有李玲，在此表示感谢。由于作者知识水平有限，书中难免存在疏漏之处，恳请广大读者批评、指正。

编 者

2023年9月

目录

第1章　巨量千川：抖音电商一体化营销平台 001

1.1　快速了解巨量千川 002
- 1.1.1　认识巨量千川平台 002
- 1.1.2　了解平台的两个版本 002
- 1.1.3　看清平台的投放优势 003
- 1.1.4　找到投放入口 005

1.2　玩转投放技巧 010
- 1.2.1　掌握新手投放技巧 010
- 1.2.2　掌握基本投放技巧 015
- 1.2.3　掌握进阶投放技巧 015
- 1.2.4　避免出现违规营销 018
- 1.2.5　进行投后复盘和优化 019

第2章　实操详解：了解巨量千川的实用功能 021

2.1　了解平台功能 022
- 2.1.1　进入成长中心 022
- 2.1.2　进入规则中心和帮助中心 024

2.2　管理个人账户 026
- 2.2.1　管理账户信息 026
- 2.2.2　管理账户资金 028
- 2.2.3　管理账户评论 031
- 2.2.4　使用账户工具 032

第3章　抖音广告：实现高效推广的营销技巧 034

3.1　认识抖音广告 035
- 3.1.1　认清核心优势 035
- 3.1.2　了解主要类型和工具 035

- 3.1.3 找到投放渠道 036
- 3.1.4 学习相关课程 039

3.2 提高推广效果 041
- 3.2.1 选择合适的类型和工具 041
- 3.2.2 了解相关规则 041
- 3.2.3 掌握优化技巧 043

第4章 广告投放：选择合适的方式进行推广 045

4.1 认识开屏广告 046
- 4.1.1 了解开屏广告的推广场景 046
- 4.1.2 了解开屏广告的主要类型 046
- 4.1.3 了解开屏广告的主要优势 048

4.2 认识信息流广告 048
- 4.2.1 了解信息流广告的推广场景 048
- 4.2.2 了解信息流广告的主要类型 049
- 4.2.3 了解信息流广告的主要优势 050

4.3 认识搜索广告 050
- 4.3.1 了解搜索广告的推广场景 051
- 4.3.2 了解搜索广告的主要类型 051
- 4.3.3 了解搜索广告的主要优势 054

4.4 认识DOU＋ 054
- 4.4.1 了解DOU＋的推广场景 054
- 4.4.2 了解DOU＋的加热类型 055
- 4.4.3 了解DOU＋的主要优势 055
- 4.4.4 了解DOU＋的投放方法 055

4.5 认识企业号 057
- 4.5.1 了解企业号的主要功能 057
- 4.5.2 了解企业号的专属权益 058
- 4.5.3 了解企业号的开通方法 058

第5章 内容引流：打造爆款实现流量的暴增 060

5.1 了解爆款内容 061

| 5.1.1 借助颜值取胜 061
| 5.1.2 添加搞笑元素 061
| 5.1.3 发挥萌宠的作用 062
| 5.1.4 融入独特创意 063
| 5.1.5 设计有反转的剧情 064
| 5.2 策划优质脚本 064
| 5.2.1 围绕商品进行策划 064
| 5.2.2 围绕热点进行策划 065
| 5.2.3 围绕话题进行策划 066
| 5.2.4 细化脚本内容 066
| 5.3 掌握制作技巧 069
| 5.3.1 拍摄外观型商品 069
| 5.3.2 拍摄功能型商品 070
| 5.3.3 拍摄综合型商品 071
| 5.3.4 制作穿搭视频 072
| 5.3.5 制作美妆视频 074

第 6 章 抖音引流：利用自身功能提高曝光量 076

6.1 掌握涨粉秘诀 077
    6.1.1 产出原创视频 077
    6.1.2 添加热门音乐 077
    6.1.3 编写有吸引力的文案 078
    6.1.4 尝试真人出镜 078

6.2 玩转引流方法 079
    6.2.1 通过抖音 SEO 引流 079
    6.2.2 通过抖音评论区引流 081
    6.2.3 通过账号互推引流 083
    6.2.4 通过抖音矩阵引流 083
    6.2.5 通过抖音私信引流 083
    6.2.6 通过抖音直播引流 084
    6.2.7 通过分享转发引流 084

		6.2.8 通过收藏视频引流	089

第 7 章　站外引流：借助短视频营销聚集流量 ... 091

7.1　通过社交平台引流 ... 092
- 7.1.1　借助微信引流 ... 092
- 7.1.2　借助 QQ 引流 ... 093
- 7.1.3　借助微博引流 ... 095
- 7.1.4　借助小红书引流 ... 096

7.2　通过资讯平台引流 ... 098
- 7.2.1　借助今日头条引流 ... 098
- 7.2.2　借助百度引流 ... 101

7.3　通过视频平台引流 ... 103
- 7.3.1　借助快手引流 ... 104
- 7.3.2　借助爱奇艺引流 ... 106
- 7.3.3　借助西瓜视频引流 ... 106
- 7.3.4　借助微信视频号引流 ... 108
- 7.3.5　借助 B 站引流 ... 112

7.4　通过音频平台引流 ... 114
- 7.4.1　借助酷狗音乐引流 ... 115
- 7.4.2　借助蜻蜓 FM 引流 ... 116

7.5　通过线下平台引流 ... 117
- 7.5.1　借助线下拍摄引流 ... 117
- 7.5.2　借助线下转发引流 ... 118
- 7.5.3　借助线下扫码引流 ... 118

第 8 章　主播培养：素人也能打造成带货达人 ... 120

8.1　培养主播素养 ... 121
- 8.1.1　提升专业能力 ... 121
- 8.1.2　增强语言能力 ... 123
- 8.1.3　保持良好心态 ... 126

8.2　做好互动交流 ... 127
- 8.2.1　避免直播冷场 ... 128

8.2.2　正确评价热点事件 131
8.2.3　掌握幽默技巧 132
8.3　打造专属直播 133
8.3.1　打造独特造型 133
8.3.2　用好特色装饰 133
8.3.3　留下个人口头禅 135
8.3.4　树立主播的人设 135
8.4　掌握表达技巧 137
8.4.1　掌握通用表达技巧 138
8.4.2　掌握促销表达技巧 140
8.4.3　掌握答疑表达技巧 143

第 9 章　直播运营：快速完成直播体系的搭建 146
9.1　完成前期准备 147
9.1.1　准备常用设备 147
9.1.2　组建直播团队 151
9.1.3　开通直播功能 151
9.2　积蓄大量粉丝 152
9.2.1　通过爆款短视频吸粉 152
9.2.2　使用主播券吸粉 153
9.2.3　使用达人定向券吸粉 156
9.2.4　通过直播预告吸粉 157
9.2.5　通过 DOU＋上热门吸粉 160
9.3　使用营销工具 161
9.3.1　限时限量购 161
9.3.2　满减活动 163
9.3.3　定时开售 164
9.3.4　拼团活动 167
9.3.5　超级福袋 170

第 10 章　粉丝运营：将更多用户变成你的铁粉 173
10.1　找准粉丝人群 174

VII

10.1.1 了解粉丝特点 ... 174
10.1.2 了解粉丝的行为路径 ... 175
10.1.3 倒推粉丝人群 ... 176
10.1.4 找准粉丝需求 ... 176

10.2 进行粉丝管理 ... 180
10.2.1 掌握增粉技巧 ... 180
10.2.2 提高粉丝的留存 ... 181
10.2.3 提醒粉丝观看直播 ... 182
10.2.4 提升粉丝黏性 ... 183
10.2.5 引导粉丝加团 ... 185
10.2.6 提供不同福利 ... 188

10.3 获得持续关注 ... 188
10.3.1 增加接触机会 ... 188
10.3.2 提高内容的吸引力 ... 192
10.3.3 提供干货内容 ... 192

第 11 章 直播带货：轻松实现年赚百万的梦想 ... 194

11.1 掌握选品技巧 ... 195
11.1.1 根据优势选品 ... 195
11.1.2 根据排行榜选品 ... 196
11.1.3 根据店铺评分选品 ... 199
11.1.4 根据用户评价选品 ... 200

11.2 掌握卖货 5 步法 ... 201
11.2.1 取得用户信任 ... 201
11.2.2 塑造商品价值 ... 202
11.2.3 了解用户需求 ... 204
11.2.4 根据需求推荐 ... 205
11.2.5 促使用户下单 ... 205

11.3 掌握卖货技巧 ... 206
11.3.1 树立良好形象 ... 206
11.3.2 挖掘商品卖点 ... 207

11.3.3	展示使用效果	209
11.3.4	展示商品差价	209
11.3.5	提供增值内容	210
11.3.6	呈现使用场景	211
11.3.7	做好直播预告	213

11.4 进行实时复盘 217

11.4.1	查看整体直播数据	217
11.4.2	查看单场直播数据	219
11.4.3	查看直播流量和带货能力	222

Chapter 01

第1章
巨量千川：
抖音电商一体化营销平台

对于想通过抖音带货来实现变现的运营者和商家来说，巨量千川是一个推广商品、提升自身收益的绝佳平台。本章将介绍巨量千川平台的相关知识和投放技巧，帮助运营者和商家提高投放收益。

1.1 快速了解巨量千川

虽然很多人可能听说过巨量千川,但是大部分人对它的了解比较有限。本节,笔者就重点讲解巨量千川的一些基础知识,带领大家快速认识这个平台。

1.1.1 认识巨量千川平台

巨量千川是一个为商家和运营者提供抖音电商营销方案的一体化平台,商家和运营者可以支付一定的费用,利用巨量千川进行抖音电商营销推广,有效地提高营销效率,实现生意的可持续增长。

在抖音电商的运营过程中,很多人可能会了解到一个与巨量千川相似性较强的名称——"巨量引擎",那么巨量千川和巨量引擎有什么关联呢?

其实,巨量千川是巨量引擎旗下的抖音电商营销推广服务平台,也就是说,巨量千川属于巨量引擎的一部分。当然,除了巨量千川,巨量引擎旗下还有专门的电商营销推广平台,该平台可以在抖音、今日头条、抖音火山版、西瓜视频和穿山甲等 App 上投放广告。

1.1.2 了解平台的两个版本

由于在抖音 App 上找不到巨量千川的投放入口,有的人就认为巨量千川只有 PC 端。其实,巨量千川主要有 PC 端的巨量千川成长版和移动端的小店随心推版这两个版本。

商家和运营者通过这两个版本都可以进行抖音电商营销推广,不过,这两个版本的营销推广还是有所差异的。具体来说,通过巨量千川成长版进行营销推广,需要设置的内容会多一些,消耗的时间也要多一些,但投放会更加精准;而通过小店随心推版进行营销推广则更容易操作,无须花费太多的时间。

在通过巨量千川做抖音电商营销推广时,商家和运营者只需根据自身情况从上述两个版本中进行选择即可。如果商家和运营者想要让营销推广更加精准，可以选择通过巨量千川成长版创建推广计划；如果商家和运营者想要快速完成营销推广计划的创建，则可以选择通过小店随心推版创建计划。

1.1.3 看清平台的投放优势

对于商家和运营者来说，通过巨量千川投放营销推广计划需要支付一定的费用，这无疑将增加店铺和抖音账号的运营成本。那么，商家和运营者为什么还要做巨量千川投放呢？这主要是因为通过巨量千川投放进行抖音电商营销推广有许多优势，具体如下。

1. 打造全场景营销方案

巨量千川贴合抖音电商的营销场景，为商家和运营者提供短视频（也包括图文内容）和直播营销推广方案，不仅能让短视频和直播内容获得更多流量，还能提高商品和品牌的曝光量，提升短视频和直播的带货效果。

同时，通过巨量千川的投放，可以对短视频和直播进行优化，从而能够在实现观看、互动、停留等浅层转化目标的同时，实现短视频和直播商品购买等深度优化目标，有利于商家和运营者的长效运营。

另外，巨量千川还会结合新品发布、节点大促和爆款打造等全场景营销需求，提供更适配的电商营销投放服务。以节点大促场景为例，巨量千川可以通过大促数据选品洞察、投放数据实时诊断和适配大促的定向营销能力，让投放获得更好的效果，从而提高大促的商品交易总额。

2. 提升营销效率和效果

巨量千川打造的一休化智能营销闭环可以有效地提升电商营销效率和效果。具体来说，巨量千川平台通过打通抖音账号、抖音小店和巨量千川账户，实现了从商品管理，到流量获取，再到成交下单的一体化营销闭环，使电商营销更加便捷、有效。

而巨量千川的自动化智能投放系统则为选品、预算、出价和定向提供了建议。再加上智能创编体系的完善，解决了商家和运营者的素材制作痛点，提升了创意素材的质量。因此，在巨量千川平台中，商家和运营者不仅可以通过商品托管、店铺托管和直播间托管等功能完成低门槛投放，还可以借助一键测品、自动补量和大促自动放量等功能提高投放的效率。

另外，巨量千川还提供了不同的版本，商家和运营者可以根据自身需求和能力选择合适的操作版本，快速上手。同时，商家和运营者还可以通过不断学习和实践，提升自身的操作能力，实现从入门到精通的快速成长。

3. 全链路数据分析支持

巨量千川能够结合巨量引擎的数据管理技术，实现电商场景下的精细化营销，满足商家和运营者对于人群挖掘、洞察和圈选等方面的需求，从投前、投中、投后，为商家和运营者提供全链路的数据分析支持。

具体来说，投前阶段，巨量千川可以为商家和运营者提供人、货、场营销洞察，并基于自身的行业积淀提供内容制作方面的指导，帮助商家和运营者更好地进行投放决策；投中阶段，巨量千川提供的投放效果反馈和内容诊断功能可以帮助商家和运营者及时调整营销方案；而投后阶段，巨量千川则可以提供科学的营销效果评估结果，为抖音号的长期运营和店铺的长效经营提供依据。

4. 健康开放的良性生态

巨量千川致力于参照单次转化效果、用户经营、店铺价值和品牌价值等经营指标，帮助商家和运营者获得更多的自然流量，提高商家的商品成交总额和投资回报率，助力抖音电商生态的健康发展。

除此之外，巨量千川还可以依托巨量引擎开放平台自身的能力，打造开放服务市场，为商家和运营者提供创意内容制作、投放效果优化和投放数据分析等服务，并联合生态伙伴构建电商营销生态，创造生意增长的良性生态。

1.1.4 找到投放入口

商家和运营者要想通过巨量千川做营销推广，就需要先找到巨量千川的投放入口。下面，笔者就从 PC 端和移动端的角度为大家讲解巨量千川的投放入口，让大家明白哪里可以做巨量千川投放。

1．PC 端投放入口

商家和运营者只需通过如下操作登录巨量千川成长版平台，即可看到巨量千川的 PC 端投放入口。

Step 01 打开浏览器，输入"巨量千川"进行搜索，进入巨量千川的官网"首页"页面，单击"开启广告投放"按钮，如图 1-1 所示。

图 1-1

Step 02 执行操作后，进入巨量千川的登录页面，可以看到该页面的右侧出现了多种登录方式。以使用抖音号登录巨量千川平台为例，商家和运营者可以单击 按钮，如图 1-2 所示。

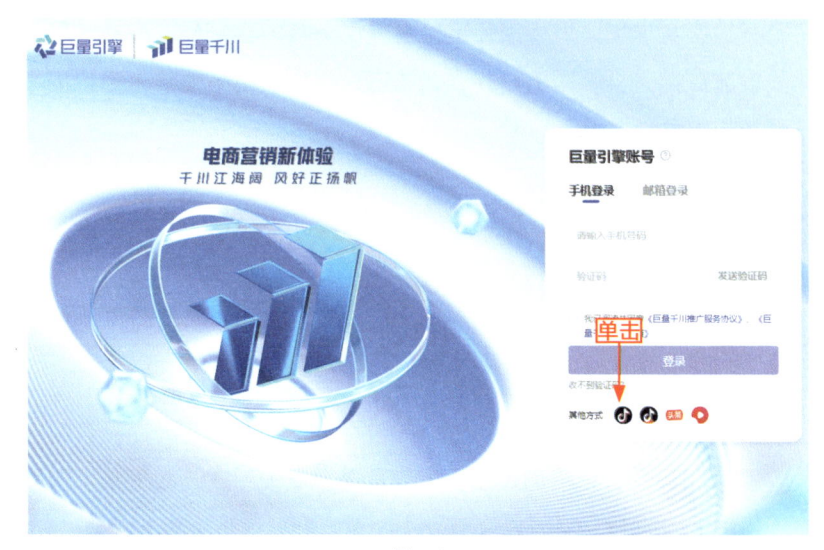

图 1-2

Step 03 执行操作后，进入"抖音"页面，如图 1-3 所示，该页面中会出现一个快捷安全登录二维码。

图 1-3

Step 04 商家和运营者需要打开并登录抖音 App，点击"首页"界面右上角的🔍按钮，如图 1-4 所示。

Step 05 执行操作后，进入抖音 App 的搜索界面，点击搜索框右侧的按钮，如图 1-5 所示。

第 1 章 巨量千川：抖音电商一体化营销平台

图 1-4 　　　　　　　图 1-5

Step 06 执行操作后，进入抖音 App 的扫码界面，将镜头对准图 1-3 中的二维码进行扫码，如图 1-6 所示。

Step 07 执行操作后，进入"抖音授权"界面，点击"同意授权"按钮，如图 1-7 所示。

图 1-6 　　　　　　　图 1-7

Step 08 执行操作后，即可进入巨量千川后台首页，如图 1-8 所示。商家和运营者只需要单击对应推广类型下方的"新建计划"按钮，即可创建投放计划。

图 1-8

2．移动端投放入口

除了 PC 端，商家和运营者还可以通过移动端做巨量千川投放。具体来说，商家和运营者可以通过两种方式找到移动端巨量千川（即小店随心推）的投放入口。

1）"小店随心推"板块的投放入口

抖音有专门的"小店随心推"板块，商家和运营者可以在该板块中找到巨量千川的投放入口，具体操作步骤如下。

Step 01 在抖音 App 的"我"界面中，❶点击界面上方的 ≡ 按钮；❷在弹出的列表中选择"抖音创作者中心"选项，如图 1-9 所示。

Step 02 进入抖音创作者中心界面，点击"全部"按钮，如图 1-10 所示。

Step 03 执行操作后，会弹出"我的服务"对话框，点击"小店随心推"按钮，如图 1-11 所示。

Step 04 执行操作后，即可进入"小店随心推"界面，如图 1-12 所示。

第1章 巨量千川：抖音电商一体化营销平台

图1-9

图1-10

图1-11

图1-12

2）具体营销推广内容的投放入口

除了"小店随心推"板块，商家和运营者还可以直接进入具体营销推广内容的相关界面进行巨量千川的投放。

Step 01 进入对应短视频的播放界面，点击 按钮，如图 1-13 所示。

Step 02 执行操作后，会弹出"分享给朋友"对话框，点击"小店随心推"按钮，如图 1-14 所示，即可进入"小店随心推"界面。

图 1-13

图 1-14

1.2 玩转投放技巧

有的商家和运营者可能一个人要承担多个人的工作，没有太多时间来运营巨量千川账户。对于这些商家和运营者来说，提高巨量千川的投放与推广效率就显得尤为重要。本节，笔者就来讲解相关的技巧，帮助大家提高巨量千川的投放与推广效率。

1.2.1 掌握新手投放技巧

新手做巨量千川运营时需要重点掌握两个方面的技巧：一是投放计划的冷启动突破；二是提升投放人群设置的精准性。下面，笔者就来分别进行解读。

1．投放计划的冷启动突破

投放计划的冷启动需要做好两个方面的工作：一是让带货账号获得口碑分；二是让投放计划获得较好的转化效果。

1）让带货账号获得口碑分

很多用户在购买商品时，都会习惯性地查看带货账号的口碑分。具体来说，用户进入带货账号的主页之后，点击"进入橱窗"按钮，如图 1-15 所示。执行操作后，进入对应账号的橱窗界面，该界面中会显示账号的带货口碑分，如图 1-16 所示。

图 1-15   图 1-16

当然，商家和运营者也可以自行查看自己的带货口碑，不过，需要某个行业的商品售出 30 单以上，才会显示账号带货口碑分。这些习惯性查看口碑分的用户会根据口碑分的情况来判断是否继续购买商品。如果账号的带货口碑分没有显示或者很低，用户会觉得账号推荐的商品可能不太靠谱，从而失去购买意愿。

因此，商家和运营者要通过营销推广（包括投放巨量千川）快速

011

提高商品的销量，让自己的账号获得较高的带货口碑分。

2）让投放计划获得较好的转化效果

对于巨量千川的投放转化效果，有一个直观的评估数据，那就是投放巨量千川之后的 3 天内获得超过 20 个转化。商家和运营者要如何达到这个转化效果呢？笔者认为，可以重点做好两个方面的工作：一是增加巨量千川的投放次数和投入；二是提高用户的互动意愿。

通过增加巨量千川的投放次数和投入，可以让推广内容获得更多流量，从而提高商品的购买量；而提高用户的互动意愿，则可以提升推广内容的热度，让系统为你免费推送更多的流量。增加巨量千川的投放次数和投入，这里就不多说了，那么如何提高用户的互动意愿呢？下面，笔者就来介绍几个常用的方法。

商家和运营者可以利用自身的表达来激发用户的互动欲望。例如，在给短视频投放巨量千川时，可以直接在标题中使用反问句式，让用户回答你的问题。图 1-17 所示的短视频中就是使用这种方法来提升用户的互动意愿。

图 1-17

当然，商家和运营者也可以充分利用短视频的评论区，通过在评论区提出问题、引导话题和尽可能地回复用户的评论等方式，提升用户写评论的意愿，从而增加短视频的评论量。

而对于投放巨量千川的直播，则可以通过主播提问、引导话题和发福袋等方式，提升用户的互动意愿。以发福袋为例，商家和运营者可以通过福袋口令的设置，让抢福袋的用户发送规定的内容，从而营造出热闹的氛围。

当然，将增加巨量千川的投放次数和提高用户的互动意愿这两种技巧结合起来，能够更快速地实现投放计划的冷启动突破。例如，商家和运营者可以在直播中发送口令福袋，并给直播间多次投放巨量千川。这样一来，直播间的流量和互动率都会明显提高，而直播的转化效果也将变得更好。

2. 提升投放人群设置的精准性

新手在投放巨量千川计划时，要对推送人群的信息进行设置，以吸引更多精准用户关注你的账号、购买你的商品。具体来说，商家和运营者可以通过两种方法查看目标人群的画像信息，并据此设置人群投放信息：一种是参考同类账号的粉丝画像；另一种是参考自己账号的粉丝画像。

下面，笔者就来讲解参考自己账号的粉丝画像设置人群投放信息的方法。具体来说，商家和运营者可以通过如下操作查看自己账号的粉丝画像，并根据粉丝画像的信息设置巨量千川的人群投放信息。

Step 01 进入"抖音创作服务平台"的"首页"页面，单击左侧导航栏中的"视频数据"|"粉丝画像"按钮，如图1-18所示。

Step 02 执行操作后，进入"粉丝画像"页面，即可查看账号粉丝的性别分布和年龄分布情况，如图1-19所示。

Step 03 向下滑动页面，还可以查看账号粉丝的设备分布和兴趣分布情况，如图1-20所示。

图 1-18

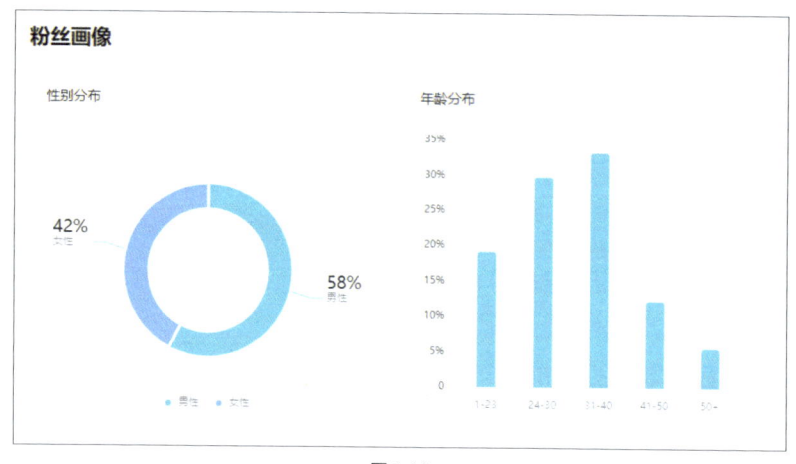

图 1-19

了解了账号粉丝画像之后，商家和运营者便可以据此进行投放人群的设置了。例如，根据图 1-19 和图 1-20 中的粉丝画像信息，商家和运营者可以将巨量千川的投放人群设置为对随拍感兴趣的 24 岁至 40 岁人群。

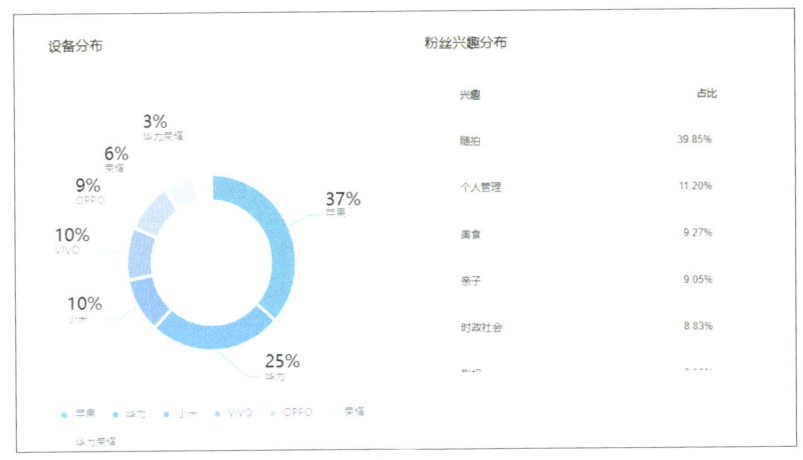

图 1-20

1.2.2 掌握基本投放技巧

在做巨量千川投放时，商家和运营者应尽量做到付费流量（即投放巨量千川获得的流量）与自然流量的协同，通过付费流量形成有效的互动和转化，提升内容的热度，从而让投放内容获得更多的自然流量。

除此之外，商家和运营者还可以根据投放内容的目的来制订投放计划。以直播巨量千川的投放为例，刚开播时，有的直播间为了热场会上架宠粉福利款商品。此时，商家和运营者可以通过巨量千川的投放，着重提高进入直播间的流量，让更多用户看到你的宠粉福利；而在直播过程中，为了维持稳定的销量，则可以销售利润款商品，并通过精准人群的稳量投放，提升商品的转化效果。

1.2.3 掌握进阶投放技巧

随着巨量千川投放次数的增加，商家和运营者的投放经验不断丰富，此时为了让投放获得更好的效果，还需要掌握一些进阶的投放技巧。下面，笔者就来讲解巨量千川投放的两种进阶投放技巧。

1. 目标客户的定向技巧

在投放巨量千川之前，商家和运营者需要明白哪些人是你的目标客户，并针对这些客户进行定向设置，让巨量千川的投放更加精准。具体来说，巨量千川投放的目标客户主要可以分为 3 类，即核心目标人群、高转化品类人群和高转化潜在人群。下面，笔者就来讲解这 3 类人群的定向设置方法。

1) 核心目标人群的定向设置方法

核心目标人群通常是品牌和抖音号的忠实粉丝，这类人群的忠诚度和复购率都较高。要想更好地吸引这类人群，商家和运营者可以在投放内容的标题中添加品牌词和商品核心词汇，并根据自己账号和同类账号的粉丝画像信息对巨量千川的投放人群进行定向设置。

2) 高转化品类人群的定向设置方法

高转化品类人群是对某类商品比较关注、购买率高的人群，这类人群为了购买某类商品，可能会在"货比三家"之后下定购买的决心。要想更好地吸引这类人群，商家和运营者可以在投放内容的标题中添加品牌词和商品类目词，并根据对标达人和竞品品牌的账号粉丝画像信息对巨量千川的投放人群进行定向设置。

3) 高转化潜在人群的定向设置方法

高转化潜在人群主要是经常进行电商购物，特别是通过抖音平台购买商品的人群，这类人群通常是商品的潜在购买者。要想更好地吸引这类人群，商家和运营者可以在投放内容的标题中添加显示自身优势的词汇（如强调价格便宜、质量好的词汇）和商品类目词，并根据账号粉丝画像信息对巨量千川的投放人群进行定向设置。

以上 3 类人群是商品的主要购买群体，也是巨量千川投放的目标客户。因此，商家和运营者进行人群定向设置时要提高精准性，让平台将投放内容推送给这些目标客户，只有如此，才能更好地提升投放内容的转化效果。

2．地域投放的设置技巧

地域投放的设置就是为内容选择合适的投放区域，只将内容推送给特定区域的用户。这样可以提升巨量千川地域投放的精准性，将投放内容更好地推送给目标人群。

具体来说，巨量千川地域的投放设置主要分为两种：一种是按地理划分进行投放；另一种是按发展划分进行投放。

按地理划分进行投放就是根据对应区域的地理位置进行巨量千川的投放。在按地理划分进行投放时，商家和运营者可以参考账号粉丝画像中的粉丝地域分布情况。如果要吸引某个省市的人群，可以在该省市中投放巨量千川；如果要同时将内容推送给几个省市的人群，只需同时选中这几个省市前方的复选框即可，如图1-21所示。

图 1-21

而按发展划分进行投放则是根据城市的发展情况，选择巨量千川的投放区域。具体来说，按发展划分进行投放时，商家和运营者可以从一线城市、二线城市、三线城市、四线城市和其他这5个等级中进行选择（可以多选）。通常情况下，除了快递无法送达的城市，其他城市都可以进行巨量千川的投放。

1.2.4 避免出现违规营销

虽然投放巨量千川是支付费用做营销推广，但是巨量千川对于营销推广内容是有一定要求的，如果商家和运营者投放巨量千川的内容存在以下违规营销的情况，将会面临处罚。

1. 食品暗示、明示壮阳或减肥效果

巨量千川平台对食品类商品的营销管控比较严格，如果商家和运营者投放巨量千川的内容中暗示、明示某种食品具有壮阳或减肥效果，那么很有可能会被判定为违规营销。因此，商家和运营者最好不要给壮阳或减肥类食品投放巨量千川，以免推广效果没达到，还被平台处罚了。

2. 宣传化妆品时承诺达不到的效果

有的商家和运营者为了提高化妆品对用户的吸引力，会夸大化妆品的效果，这种营销手段在巨量千川平台中是违规的。除此之外，通过使用化妆品前后的对比来突出其使用效果，在巨量千川平台中也是不被允许的。

3. 商品的服务履约与描述不一致

部分商家和运营者在营销推广商品时，为了通过售后服务吸引用户购买商品，会对商品退换、假货赔付和运费险等服务进行宣传，而且宣传的服务与商品详情界面中的描述是不一致的。这种营销行为有误导消费者的嫌疑，一旦被巨量千川平台发现，将会面临一定的处罚。

有的商家和运营者可能会觉得巨量千川平台为了留住用户，不会从重处罚。其实不然，如果是初犯，巨量千川给出的处罚可能比较轻，但是随着违规次数的增加，巨量千川给出的处罚也会变得越来越重。图1-22所示为巨量千川平台发布的违规处理结果，可以看到，部分公司主体就因为多次营销违规而面临永久清退的处罚。

公司主体	处置结果
张********媒有限责任公司	永久清退
东**********务有限公司	永久清退
东*******殖有限公司	永久清退
济******贸有限公司	永久清退
河******媒有限公司	永久清退
厦*******务有限公司	永久清退
中******务有限公司	永久清退
厦********务有限公司	永久清退
鄱********行	永久清退

图 1-22

1.2.5 进行投后复盘和优化

巨量千川投放完成后，商家和运营者可以根据数据进行投后复盘和优化，这样不仅可以更清楚地了解自己做得不好的地方，还可以对投放方案进行优化，为下一次投放提供经验。通常来说，完成巨量千川的投放之后，商家和运营者需要重点对点击率、转化率和转化成本等数据进行分析和优化。

1. 点击率的分析和优化

点击率是衡量内容吸引力的一项重要数据，如果投放内容的点击率没有达到预期，商家和运营者可以从投放内容的打造和投放人群的设置上下功夫。通常来说，只要你打造的内容足够优质，并且投放的人群足够精准，那么投放内容的点击率也会随之上涨。

2. 转化率的分析和优化

转化率是衡量转化效果的一项重要数据，转化率越高，就说明转化效果越好。如果转化率没有达到预期，商家和运营者可以从带货达人（主要是出镜带货的人物）、商品竞争力和人群投放上下功夫。例如，商家和运营者可以选择给更具有竞争力的商品投放巨量千川，这样接收投放内容的用户会更愿意购买相关商品，而投放内容的转化率自然就会提高。

3. 转化成本的分析和优化

转化成本是衡量投放效果的一项关键数据，如果投放巨量千川之后，粉丝量没有明显上涨，商品的销量也不高，就说明投放的转化成本高、效果差。

那么，如何优化转化成本，用同样的投入金额获得更好的效果呢？笔者认为，还是需要提高投放内容的质量和相关商品的竞争力。优质的内容可以帮你获得更多新增粉丝，而具有竞争力的商品则会更受用户的欢迎。

Chapter 02

第2章
实操详解：了解巨量千川的实用功能

商家和运营者入驻巨量千川平台之后，要想更好地进行巨量千川的投放，还要了解该平台的相关功能，并做好账户运营。本章，笔者将讲解巨量千川的相关功能，提高大家对该平台的认知。

2.1 了解平台功能

巨量千川平台中的成长中心、规则中心和帮助中心可以为运营者与商家提供资讯、答疑解惑，是运营者和商家不能忽视的功能。本节主要介绍进入成长中心、规则中心和帮助中心的操作方法。

2.1.1 进入成长中心

巨量千川平台提供了成长中心的入口，运营者和商家进入成长中心之后可以查看经营攻略、领取福利任务和学习相关课程。下面介绍进入成长中心的操作方法。

Step 01 打开并登录巨量千川平台，进入巨量千川后台首页，单击"成长中心"按钮，如图 2-1 所示。

图 2-1

Step 02 执行操作后，即可进入"成长中心"页面，如图 2-2 所示。

图 2-2

第 2 章 实操详解：了解巨量千川的实用功能

在"成长中心"页面中，商家和运营者可以领取福利任务、查看专属权益、进行每日签到、领取红包和优惠券以及学习相关课程。以学习课程为例，在"成长中心"页面的底部是"学习中心"板块，这里的课程分为专题课程和推荐课程两类，商家和运营者选择要学习的课程，即可跳转到相应课程的学习界面进行学习。

例如，商家和运营者选择"推荐课程"选项区中的"巨量千川入门基础课"选项，如图 2-3 所示。

图 2-3

执行操作后，进入巨量学平台的相关页面，即可学习对应专题的课程，如图 2-4 所示。

图 2-4

2.1.2 进入规则中心和帮助中心

为了保障投放计划的正常进行和巨量千川账户的正常运营，商家和运营者可以进入巨量千川的规则中心和帮助中心，查看平台公告、通知、平台规则、规则解读、协议专区和避坑指南等相关信息，具体操作步骤如下。

Step 01 在巨量千川后台首页中，将鼠标停留在 ❔ 按钮上，会弹出一个列表框，选择列表框中的"规则中心"选项，如图 2-5 所示。

图 2-5

Step 02 执行操作后，进入"巨量千川帮助与规则中心"页面，默认显示"帮助中心"选项卡，商家和运营者可以通过了解产品介绍来解决运营过程中遇到的问题，如选择"通投广告新建计划流程"选项，如图 2-6 所示。

图 2-6

Step 03 执行操作后，即可查看相关的操作流程介绍，如图 2-7 所示。

Step 04 如果商家和运营者想了解平台规则，可以在"巨量千川帮助与规则中心"页面中切换至"规则中心"选项卡，选择想了解的规则进

第 2 章 实操详解：了解巨量千川的实用功能

行学习，如选择"新客试投无单保障规则"选项，如图 2-8 所示。

图 2-7

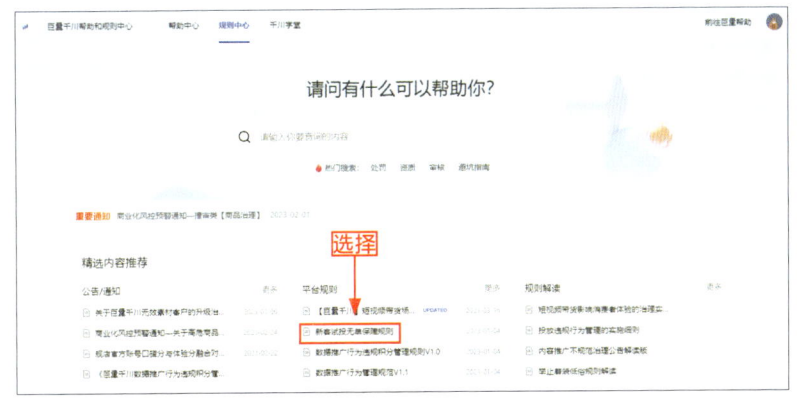

图 2-8

Step 05 执行操作后，即可查看该规则的具体内容，如图 2-9 所示。

图 2-9

025

2.2 管理个人账户

商家和运营者在巨量千川平台上注册账户后，需要掌握账户的管理技巧，让运营工作更加顺畅。本节主要介绍管理账户信息、账户资金、账户评论以及使用账户工具的操作方法。

2.2.1 管理账户信息

商家和运营者可以查看账户信息、进行资质认证、进行抖音号授权和查看操作日志，实现对账户信息的管理。下面介绍管理账户信息的操作方法。

Step 01 进入巨量千川后台首页，将鼠标停留在页面右上方的账户名称上，会弹出一个列表框，选择列表框中的"账户管理"选项，如图 2-10 所示。

图 2-10

Step 02 执行操作后，即可进入"账户管理"页面，默认进入"账户信息"选项卡，如图 2-11 所示，查看账户名称、主体名称、登录信息、账户角色、账户权限和签署协议等信息，商家和运营者可以单击"登录信息"板块中的"去修改"按钮，修改账户绑定的手机号。

Step 03 单击"资质认证"按钮，如图 2-12 所示，即可查看账户的认证情况。商家和运营者可以单击未进行认证的资质中的"去认证"按钮，根据页面提示完成认证，以完善账户资质。

第 2 章 实操详解：了解巨量千川的实用功能

图 2-11

图 2-12

Step 04 单击"抖音号授权"按钮，如图 2-13 所示，即可查看账户绑定的抖音号。商家和运营者可以单击"添加抖音号"按钮，根据页面提示进行操作，添加新的授权账号。

Step 05 单击"操作日志"按钮，如图 2-14 所示，即可查看账户的操作日志，了解账户投放的相关信息。

图 2-13

图 2-14

2.2.2 管理账户资金

在投放巨量千川的过程中，必然会涉及账户资金，因此对账户的资金进行管理是很有必要的。下面介绍管理账户资金的操作方法。

Step 01 进入巨量千川后台首页，将鼠标移至页面右上方的账户余额上，在弹出的面板中单击"去资金管理"按钮，如图 2-15 所示。

Step 02 执行操作后，进入"资金管理"页面，该页面中会显示账户的余额情况，并支持进行"充值""退款""开票""开票资质"4 项操作，如单击"充值"按钮，如图 2-16 所示。

第 2 章 实操详解：了解巨量千川的实用功能

图 2-15

图 2-16

Step 03 执行操作后，进入"充值"页面，❶输入充值金额；❷在"充值资金池"板块中选择"通用资金池"选项；❸单击"去充值"按钮，如图 2-17 所示。

Step 04 执行操作后，进入相应页面，选择"平台支付"|"扫码支付"选项，如图 2-18 所示。

Step 05 执行操作后，弹出"扫码支付"对话框，如图 2-19 所示，商家和运营者只需打开支付宝 App 或微信 App 扫描对话框中的二维码并进行支付，即可完成账户的充值。

Step 06 除了为账户充值，商家和运营者还可以查看账户的财务流水、充值记录、汇款码记录、退款记录和消返红包。例如，单击"退款记录"

抖音电商：巨量千川运营、广告投放、短视频引流、直播带货一本通

按钮，如图 2-20 所示，即可查看账户所有的退款记录。

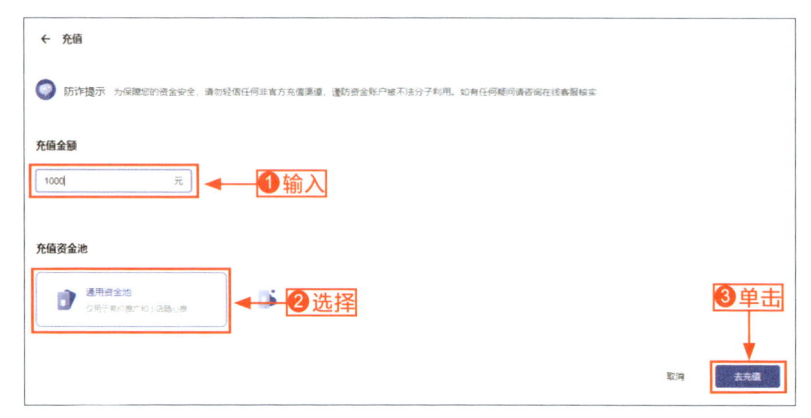

图 2-17

图 2-18

图 2-19

第 2 章 实操详解：了解巨量千川的实用功能

图 2-20

2.2.3 管理账户评论

投放巨量千川的内容可能会收获一些评论，商家和运营者可以对评论进行管理，包括管理评论内容、屏蔽词和屏蔽用户。下面以添加屏蔽词为例，介绍操作方法。

Step 01 进入巨量千川后台首页，将鼠标移至"工具"选项卡上，在弹出的列表框中选择"屏蔽词管理"选项，如图 2-21 所示。

图 2-21

Step 02 进入"屏蔽词管理"页面，可以看到该账户没有设置任何屏蔽词，单击"添加屏蔽词"按钮，如图 2-22 所示。

Step 03 执行操作后，弹出"添加屏蔽词"对话框，❶输入屏蔽词（最多可以输入 10 个屏蔽词）；❷单击"确定"按钮，如图 2-23 所示，即可成功添加屏蔽词，包含屏蔽词的评论内容将会自动被系统隐藏。

031

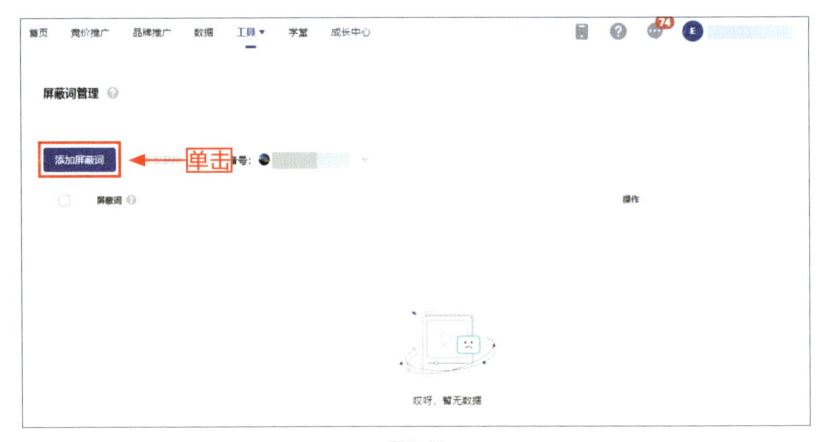

图 2-22

图 2-23

2.2.4 使用账户工具

　　如果商家和运营者要长期投放巨量千川，那么就很有必要使用账户工具，查看账户在投计划配额和账户违规信息。下面介绍具体的操作方法。

Step 01 进入巨量千川后台首页，将鼠标移至"工具"选项卡上，在弹出的列表框中选择"在投计划配额查询"选项，如图 2-24 所示。

第 2 章 实操详解：了解巨量千川的实用功能

图 2-24

Step 02 执行操作后，即可进入"在投计划配额查询"页面，查看通投广告和搜索广告的基本信息，如图 2-25 所示。

图 2-25

Step 03 单击"账户违规管理"按钮，如图 2-26 所示，商家和运营者可以查看当前账户的违规情况和平台相关的政策公告。

图 2-26

Chapter 03

第3章
抖音广告：实现高效推广的营销技巧

　　抖音拥有 7 亿的日活跃用户，这庞大的用户群体让其成为品牌和商家进行营销推广的热门平台。本章主要介绍在抖音上投放广告的基本概况和提高推广效果的技巧，帮助品牌和商家实现高效推广。

3.1 认识抖音广告

如果广告主（包括品牌方、店铺商家和账号运营者等）想要让广告的效果更好、营销的影响力更强，在选择投放平台时就要尽量找用户数量多、热度高以及广告服务完善的。

抖音无疑就是这样一个适合投放广告的平台，仅在华为手机的应用市场 App 中，抖音的下载量便高达 427 亿次，并且抖音提供 5 种广告类型，能充分满足广告主的不同营销需求。本节主要介绍在抖音上投放广告的核心优势、主要类型和工具、投放渠道以及相关课程。

3.1.1 认清核心优势

现如今，许多广告主将抖音作为营销的主要阵地，通过投放广告来完成推广目标。但也有些广告主并不了解在抖音上投放广告的好处，还没有开始使用抖音广告来进行营销推广。

那么，笔者就先对在抖音上投放广告的优势进行介绍，让广告主打消顾虑。具体来说，在抖音上投放广告有海量用户、精准触达、高效转化和投放保障这四大核心优势，如图 3-1 所示。

图 3-1

3.1.2 了解主要类型和工具

了解了在抖音上投放广告的优势后，接下来就需了解广告的主要类型。抖音为广告主提供了 3 种广告类型，分别是开屏广告、信息流广告和搜索广告。除了这3种广告，抖音还提供了DOU+和企业号这两大广告工具，帮助广告主更有针对性地完成营销目标。

例如，当用户在抖音中搜索"魅族"时，魅族品牌方投放的广告视频会显示在搜索结果的顶部，❶用户点击广告视频中的任意位置，即可进入视频播放界面，查看更多内容；❷在视频播放界面点击"查看详情"按钮，即可进入魅族官方店铺的"首页"界面，如图3-2所示。

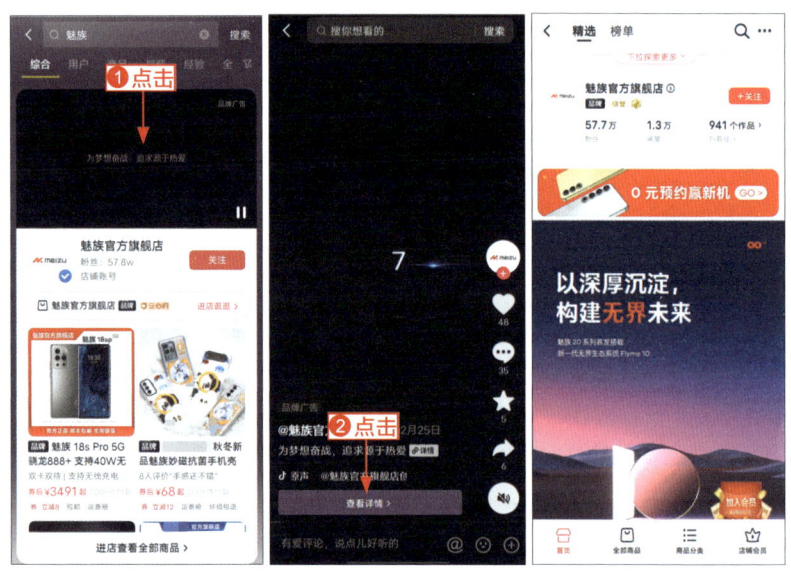

图 3-2

而品牌方投放广告的意图也正是将用户从广告视频引导至官方店铺，并通过广告内容增加用户的下单概率。

> **特别提醒** 这3种广告类型和两大广告工具在第4章中会进行详细介绍，感兴趣的读者可以前往学习。

3.1.3 找到投放渠道

广告主选择在抖音上投放广告，既不用进行复杂的操作，又能获得可观的营销效果，可谓省时省力。下面介绍在网页版抖音上找到投放渠道的方法。

Step 01 在浏览器中搜索并打开抖音，单击页面右上角的"登录"按钮，如图 3-3 所示。

图 3-3

Step 02 执行操作后，弹出登录对话框，如图 3-4 所示。

图 3-4

Step 03 广告主可以选择扫码、验证码和密码这 3 种方法中的一种进行登录,这里以扫码登录为例进行介绍。广告主需要打开登录了相应账号的抖音 App,点击界面右上角的 🔍 按钮,在搜索框的右侧点击 ⌗ 按钮,如图 3-5 所示。

Step 04 执行操作后,进入扫码界面,扫描登录对话框中的二维码,进入"抖音登录"界面,❶选中"已阅读并同意用户协议及隐私政策"复选框;❷点击"确认登录"按钮,如图 3-6 所示,即可完成登录。

图 3-5　　　　　　　　　图 3-6

Step 05 将鼠标移至网页版抖音右上方的"合作"按钮上,在弹出的列表框中选择"广告投放"选项,如图 3-7 所示。

Step 06 执行操作后,即可进入巨量引擎的"营销产品"页面,如图 3-8 所示,在页面中单击任意一个"立即开始推广"按钮,即可开始进行推广信息的设置。

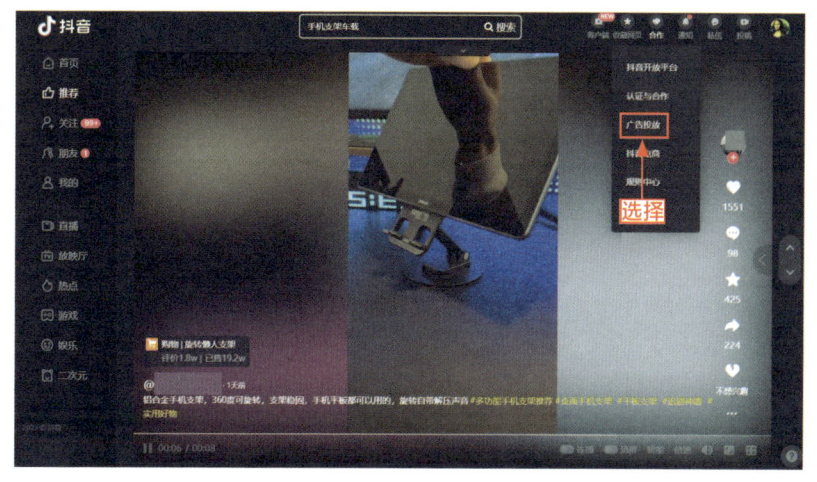

第 3 章 抖音广告：实现高效推广的营销技巧

图 3-7

图 3-8

3.1.4 学习相关课程

对于刚开始在抖音上投放广告的广告主来说，在实际操作的过程中还是会遇到一些困难，此时就可以通过学习抖音官方推出的相关课程来解决这些问题。下面介绍找到和学习广告课程的操作方法。

Step 01 在图 3-8 所示的抖音推广页面中滑动至"抖音广告视频课程"

板块，这里显示了"抖音原生广告""抖音品牌广告""搜索广告创意工具"3门课程，广告主可以选择相应课程进行学习，也可以单击"了解更多"按钮，如图3-9所示。

图3-9

Step 02 执行操作后，进入巨量学首页，如图3-10所示。广告主在这里可以选择感兴趣的课程进行学习，也可以搜索需要的课程进行学习，以解决在广告投放过程中遇到的问题。

图3-10

3.2 提高推广效果

如果广告主想在抖音上投放广告或者已经投放了广告，自然会希望广告的推广效果能够符合预期，甚至比预期更好。但是，想获得好的推广效果并不是随便投放一个广告就能实现的，广告主需要在投放广告的过程中掌握一些技巧和方法。

3.2.1 选择合适的类型和工具

"工欲善其事，必先利其器。"广告主在投放广告时，只有选择合适的广告类型和工具，才能充分发挥广告的作用，提高推广效果。

广告主要想选择合适的广告类型和工具，要先明确自己投放广告的目的、希望达到的效果和整体预算，再根据需求去选择。切记不要看其他品牌、商家或账号投放某类广告的效果不错就盲目跟风，这样不仅很难达到预期效果，反而有可能会一无所获，白白浪费了付出的时间和金钱。

3.2.2 了解相关规则

广告主在抖音上投放广告当然是为了获得好的推广效果，但切忌为了追求更好的效果，而违反平台对广告的要求和规则。这样不仅不会对提高推广效果有帮助，还可能造成反作用，甚至被平台处罚。因此，广告主在开始投放广告前要认真了解和学习相关的广告审核规则，避免广告出现违规内容。学习相关规则的步骤如下。

Step 01 在巨量学首页底部的"发现学堂"板块中选择"风控学堂"选项，如图 3-11 所示。

Step 02 执行操作后，即可进入风控学堂页面，在这里可以查看巨量平台发布的相关规则，例如，选择"规则中心"板块中的"禁止推广品类"选项，如图 3-12 所示。

抖音电商：巨量千川运营、广告投放、短视频引流、直播带货一本通

图 3-11

图 3-12

Step 03 执行操作后，即可进入"广告审核"页面，查看平台禁止推广的行业、产品和服务，如图 3-13 所示。

Step 04 广告主还可以根据需求查看其他的广告审核规则，例如，在左侧的列表中选择"巨量引擎平台要求"选项，如图 3-14 所示，即可查看巨量引擎平台对广告内容的要求。

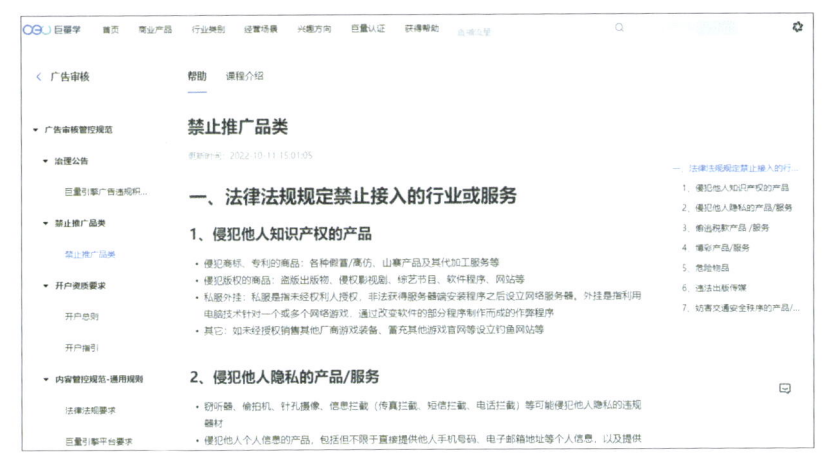

第 3 章 抖音广告：实现高效推广的营销技巧

图 3-13

图 3-14

3.2.3 掌握优化技巧

要想让推广效果更好，广告主除了要选对广告类型和工具以及了解广告审核规则，还要掌握一些投放广告的优化技巧。

1．了解目标群体的信息

广告主选择投放广告是为了完成营销目标，但是不管营销目标是什么，在进行营销前一定要有清晰的目标群体，即这个广告是针对哪一类人来制作和投放的。要知道，只有目标群体越清晰、越具有针对性，广告内容才能越具有吸引力，广告的投放效果才能越好。

因此，广告主在前期一定要了解和收集好目标群体的信息，让目标群体画像更完整、全面，才能让投放的广告尽可能多地击中目标，取得预期的推广效果。

2. 让广告有新意

千篇一律的广告往往毫无吸引力，很难让用户产生观看、点击甚至购买的兴趣，自然也无法发挥广告的作用。想让投放的广告效果变好，首先要能够吸引用户产生观看的兴趣，毕竟只有先让用户观看广告，才有可能发生后续的点击和购买行为。

而要让用户有观看广告的兴趣，广告就要有创新。这种创新既可以是广告文案的创新，也可以是广告内容的创新，还可以是广告形式的创新。总之，要让用户看到新意，才能给广告发挥作用的机会。

3. 进行投后复盘

前面两点都是广告投放前的技巧，在广告投放结束后，无论推广效果如何，广告主都要及时进行复盘，总结此次广告投放的优缺点，吸取经验和教训。只有这样，才能在下次投放广告时实现效果的优化。

广告主在进行复盘时，可以通过自己记录的投放前后数据差别来进行总结，不过这样花费的时间和精力比较多，而且不能得到更准确、深层次的数据。因此，广告主最好借助官方数据分析平台进行复盘，如巨量纵横平台、巨量算数平台等。

Chapter 04

第4章
广告投放：
选择合适的方式
进行推广

在第 3 章中提到了抖音广告的 3 种类型和两个工具，包括开屏广告、信息流广告、搜索广告、DOU＋和企业号。运营者需要根据自身情况和实际需求选择合适的广告类型和工具，这样才能取到满意的推广效果。

4.1 认识开屏广告

抖音中的开屏广告指的是用户在打开 App 后看到的广告，用户可以选择跳过广告，直接进入 App 首页；也可以等广告播放完后自动进入首页；还可以点击广告，跳转至相应的营销界面查看详细信息。本节主要介绍开屏广告的推广场景、主要类型和主要优势。

4.1.1 了解开屏广告的推广场景

开屏广告的曝光性强，能够起到不错的推广效果。具体来说，开屏广告主要有新品上市、品牌传播和活动推广这三大推广场景，如图 4-1 所示。

新品上市
抖音 App 开屏黄金点位，高强度传播，大范围触达用户，适合新品上市曝光推广

品牌传播
配合优质内容，实现强势霸屏，适合品牌曝光、明星代言等推广场景

活动推广
占据视觉焦点，展现海量曝光；开屏 + 信息流融合，适合各类活动上线推广

图 4-1

4.1.2 了解开屏广告的主要类型

不同的广告呈现类型可以满足运营者和商家不同的营销需求。具体来说，开屏广告主要有图片、动图、视频、Topview（超级首位）和 Toplive（超级直播间）5 种类型。

1. 图片

开屏广告可以是一张静态图片，一般图片会展示 3 秒，因此在这 3 秒中要尽量展示广告的重点内容。例如，一张活动宣传的开屏广告图片必须要有主办方、活动主旨、举办地点 / 平台、参与人员和活动日期等基本要素。只有这样，用户在看到广告时才能了解相关的信息，如果对广告内容有兴趣，也可以根据信息进行查看。

除了纯图片的展示，运营者还可以为图片添加链接，一旦用户点击广告图片中的任意位置，就能跳转到相应的落地页，获得更多广告信息。

2. 动图

动图是指GIF（graphics interchange format，图像互换格式）图片，一般动图开屏广告会持续4秒。比起静态图片，动态图片可以更好地吸引用户的视线，降低用户跳过广告的概率，也可以展示更多营销内容。运营者可以纯粹展示营销动图，也可以将动图和落地页进行链接，以便用户进一步了解营销内容。

3. 视频

视频的展示时长为5秒，方便运营者策划和展示更具体的营销内容。另外，视频开屏广告也有纯展示和链接落地页两种样式，能够满足运营者的不同需求。

4. Topview

抖音中的Topview开屏广告通常以视频的形式呈现，但与视频开屏广告相比有两个明显的不同之处：一是Topview开屏广告的时长更长；二是Topview开屏广告采用广告与信息流视频相结合的方式，前3秒是普通的视频开屏广告，3秒后界面会在继续播放视频的同时，演变成抖音App"首页"界面的样式，让广告视频成为用户打开App后浏览的第一个信息流视频。

Topview开屏广告的优点是广告界面与浏览界面的无缝切换能给用户带来沉浸式的观赏体验，从而提高用户的停留时长，增强营销效果。另外，Topview开屏广告也可以与落地页链接，并且链接的形式更多样，能够充分满足用户的了解需求。

5. Toplive

抖音中的Toplive开屏广告与Topview开屏广告的形式基本相同，唯一的差别在于Topview一般是用视频的形式来引导用户进入相应的落地页，但在落地页中不会再出现新的宣传内容；而 Toplive 一般是用视频的形式来引导用户进入相应的直播间，在直播间中还会安排进一步的推广宣传。

4.1.3　了解开屏广告的主要优势

开屏广告的位置突出，并且类型丰富，是各位运营者不能错过的广告形式。具体来说，开屏广告主要有海量曝光、品牌赋能和创意空间这三大优势，如图 4-2 所示。

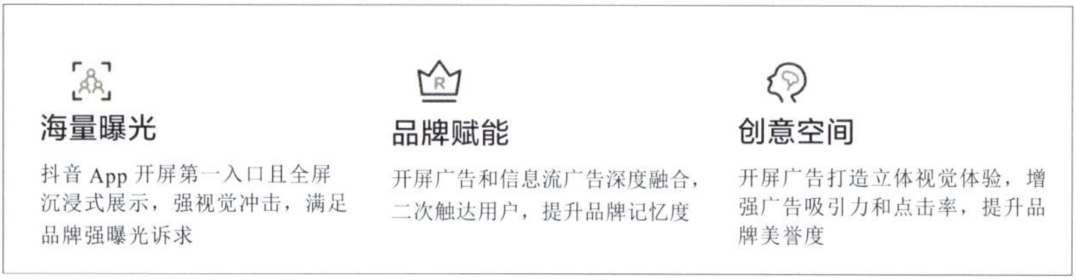

海量曝光
抖音 App 开屏第一入口且全屏沉浸式展示，强视觉冲击，满足品牌强曝光诉求

品牌赋能
开屏广告和信息流广告深度融合，二次触达用户，提升品牌记忆度

创意空间
开屏广告打造立体视觉体验，增强广告吸引力和点击率，提升品牌美誉度

图 4-2

4.2　认识信息流广告

信息流是什么？简单来说，信息流是指许多内容在同一板块内按顺序滚动的展示方式。信息流能够给用户带来流畅、舒适的观看体验，也方便系统对用户的喜好进行判断，因此许多平台都将其作为主要的内容呈现方式。例如，在抖音中用户可以通过上划屏幕来开启下一个视频 / 直播间，通过下划屏幕来返回上一个视频 / 直播间，这就是采用了信息流的呈现方式。

了解了什么是信息流，理解信息流广告就不难了。信息流广告指的是系统在信息流中选择性插入的广告，这种广告的界面与普通视频的界面没有很大差别，不会显得突兀，更能被用户所接受。

4.2.1　了解信息流广告的推广场景

具体来说，信息流广告主要有线索收集、应用推广和门店推广这三大推广场景，如图 4-3 所示。

线索收集	应用推广	门店推广
支持落地页表单、智能电话等转化方式，收集潜在线索，实现高效客户信息收集和管理	支持 App 落地页和下载链接两种方式，推广应用，获取新增和活跃用户	对门店周边的目标用户实现覆盖，支持添加 POI、卡券，推广门店

图 4-3

4.2.2 了解信息流广告的主要类型

信息流广告都是通过在普通视频/直播间中插入推广视频/直播间来进行营销和宣传的，但为了达到不同的营销目的，推广视频/直播间的类型还是略有差别。具体来说，信息流广告主要有推荐信息流、Feedslive（品牌直播间引流）和本地达视频 3 种类型。

1．推荐信息流

用户进入抖音 App 后，首先浏览的就是"推荐"界面。因此，推荐信息流广告指的就是在"推荐"界面的信息流中插入的广告，通常是视频＋跳转按钮的形式。如果用户对广告的内容感兴趣，就可以点击广告视频中的跳转按钮，进入落地页查看更多信息。

2．Feedslive

Feedslive 的表现形式是在推荐信息流中出现的直播间实时画面，用户只需点击直播画面中的任意位置，即可进入直播间，查看直播内容和商品，如图 4-4 所示。

3．本地达视频

一些有营销需求的本地店铺可以通过投放推荐信息流视频广告来增加线下门店的客流和销量。本地达广告会在界面中添加门店链接，用户点击链接即可查看门店的位置、优惠和评价等信息。

图 4-4

4.2.3　了解信息流广告的主要优势

信息流广告通常混杂在普通的信息流视频/直播间中，用户不会产生防备心理，优势比较明显。具体来说，信息流广告主要有精准触达、深度渗透和样式丰富这三大优势，如图 4-5 所示。

精准触达
可在抖音 App 多个页面展现，加深用户印象，提高广告点击率

深度渗透
精细化人群定向，面向不同类型用户进行展示，提升营销转化率

样式丰富
多种信息流广告形式，小图、大图、组图、神灯、精品栏、随心互动，满足你的营销诉求

图 4-5

4.3　认识搜索广告

如果用户有明确的观看目标，可能会运用抖音的"搜索"功能来进行精准查找。而在用户搜索关键词的过程中，广告主就可以根据关

关键词投放相应的广告，增加品牌或商品的曝光量。

4.3.1 了解搜索广告的推广场景

由于搜索广告是用户搜索相应关键词时才会触发的，因此用户对与关键词有关的内容是感兴趣的，广告主要抓住用户的兴趣，选择合适的推广场景，以达到事半功倍的效果。具体来说，搜索广告主要有品牌占位、内容营销和高效转化这三大推广场景，如图4-6所示。

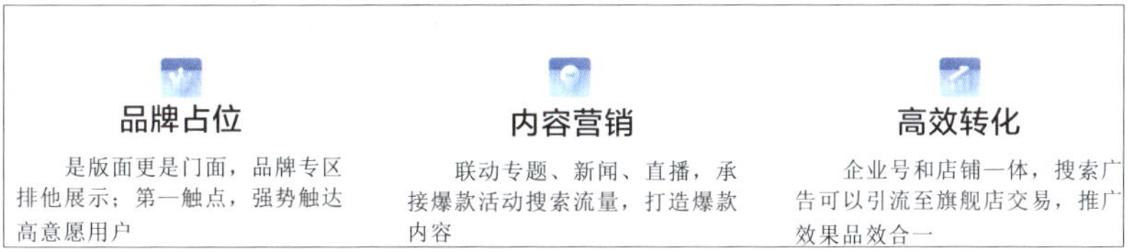

品牌占位	内容营销	高效转化
是版面更是门面，品牌专区排他展示；第一触点，强势触达高意愿用户	联动专题、新闻、直播，承接爆款活动搜索流量，打造爆款内容	企业号和店铺一体，搜索广告可以引流至旗舰店交易，推广效果品效合一

图4-6

4.3.2 了解搜索广告的主要类型

不同的广告呈现类型可以满足运营者和商家不同的营销需求。具体来说，搜索广告主要有品牌专区、搜索彩蛋、抖音热榜、竞价广告和精准广告5种类型。

1. 品牌专区

广告主在投放广告时设置相应的品牌词，当用户搜索该品牌词时，搜索结果的顶部会显示品牌专区，展示品牌信息、视频和相关账号。

例如，某手机品牌投放了品牌专区广告，当用户搜索品牌名称时，搜索结果会首先显示品牌广告视频、产品信息和品牌账号，点击广告视频即可沉浸式观看视频，如图4-7所示。

2. 搜索彩蛋

搜索彩蛋指的是在搜索结果界面弹出相关的彩蛋动画，具有较强的趣味性，可以吸引用户的注意，提高用户点击彩蛋跳转至落地页的意愿。

图 4-7

3. 抖音热榜

在搜索界面有一个"抖音热榜"板块,榜单的第 6 位可以作为广告位显示热点词,用户点击热点词即可进入相应的推广界面。要知道,许多用户都喜欢通过抖音热榜来了解当前抖音平台上的热点话题和事件,因此抖音热榜的关注度是很高的,在抖音热榜投放的广告曝光量自然也会很高。

4. 竞价广告

竞价广告一般是混排在搜索结果的用户视频中,并且与用户视频的样式有所差别。例如,某软件的竞价广告左下角会显示"广告"字样,视频下方也提供了跳转下载界面的链接,而且竞价广告的发布者无法被关注,用户点击发布者的头像,会直接跳转至软件的下载界面,如图 4-8 所示。

5. 精准广告

精准广告可以在搜索界面为用户提供直达卡片,节省用户查找的

第 4 章 广告投放：选择合适的方式进行推广

时间。例如，当用户搜索某个软件的名称时，搜索界面会直接显示该软件的下载卡片，用户点击"立即下载"按钮，即可在当前界面开始下载软件，并显示下载进度，如图4-9所示。

图 4-8

图 4-9

4.3.3 了解搜索广告的主要优势

当用户主动搜索信息时，广告对用户来说就不是多余、无关的内容，而是用户可能需要的参考信息，因此搜索广告更能贴合用户的需求。具体来说，搜索广告主要有流量蓝海、品效合一和高效转化这三大优势，如图 4-10 所示。

流量蓝海
巨量引擎搜索规模和份额持续上升，搜索流量远未见顶，流量蓝海等待开发

品效合一
全链路场景品牌占位，支持品牌展示、内容联动、效果转化等多种营销目标

高效转化
"看后搜"是内容生态下搜索的主流，搜索是实现用户主动意图的复现，转化率高

图 4-10

4.4 认识 DOU ＋

DOU ＋是抖音官方为运营者推出的一款内容营销和广告推广工具，如果运营者运用好这个工具，就能为视频、直播间和广告带来更多的流量。本节主要介绍 DOU ＋的推广场景、加热类型、主要优势和投放方法。

4.4.1 了解 DOU ＋的推广场景

在抖音中，DOU ＋可以用在更多曝光、更多粉丝和更多互动这三大推广场景，帮助运营者实现不同的营销目标，如图 4-11 所示。

更多曝光
提升内容热度，让更多目标用户看到你的视频或直播，提升视频曝光量

更多粉丝
推荐视频给感兴趣的用户，增加你的粉丝数量，实现账号冷启动和用户增长

更多互动
获得更多感兴趣用户的点赞、留言评论等互动，提升粉丝黏性和用户转化效果

图 4-11

4.4.2 了解 DOU ＋的加热类型

DOU ＋可以将运营者的账号推荐给更多潜在的目标用户，从而实现引流的目标。运营者可以用 DOU ＋来为视频、直播间和广告进行加热与推广，如图 4-12 所示。

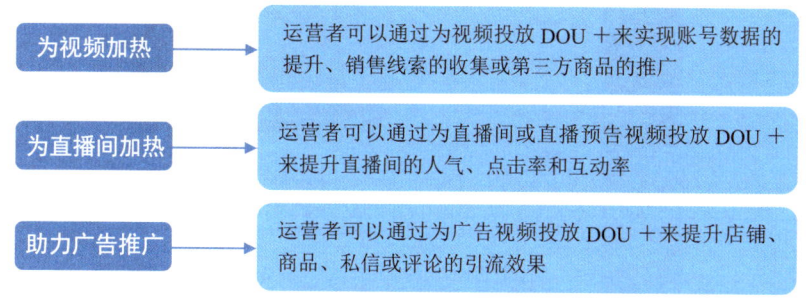

为视频加热：运营者可以通过为视频投放 DOU ＋来实现账号数据的提升、销售线索的收集或第三方商品的推广

为直播间加热：运营者可以通过为直播间或直播预告视频投放 DOU ＋来提升直播间的人气、点击率和互动率

助力广告推广：运营者可以通过为广告视频投放 DOU ＋来提升店铺、商品、私信或评论的引流效果

图 4-12

4.4.3 了解 DOU ＋的主要优势

提到为视频和直播间引流的方法，许多运营者的第一反应就是投放 DOU ＋，这说明运营者对于 DOU ＋是认同的。毕竟，DOU ＋凭借操作便利、实时监测和受众分析这三大优势，降低了运营者引流的成本和操作难度，自然受到运营者的青睐，如图 4-13 所示。

操作便利
抖音 App 内直接操作下单、不用排期，可根据实际情况，随充随用

实时监测
投放过程中可实时看到 DOU+ 带来的数据情况，便于决策是否加投

受众分析
投后披露受众特征数据，可根据人群特征，进一步分析及明确受众

图 4-13

4.4.4 了解 DOU ＋的投放方法

运营者在抖音 App 中就能完成 DOU ＋的投放，而且可以从多个入口进入投放界面。下面介绍从抖音创作者中心为视频投放 DOU ＋的

操作方法。

Step 01 打开并登录抖音 App，❶在"我"界面右上角点击■按钮；❷在弹出的列表中选择"抖音创作者中心"选项，如图 4-14 所示。

Step 02 进入抖音创作者中心界面，点击"全部"按钮，在弹出的"我的服务"对话框中点击"上热门"按钮，如图 4-15 所示。

图 4-14　　　　图 4-15

Step 03 执行操作后，进入"DOU＋上热门"界面，运营者可以设置营销目标、推广对象和推广套餐。❶在"我想要"板块中选择"账号经营"|"粉丝量"选项；❷在"我要推广的视频是"板块中选中相应视频右上角的复选框，如图 4-16 所示。

Step 04 将界面滑动至底部，❶在"我想选择的套餐是"板块中选择"特惠套餐"选项；❷点击"支付"按钮，如图 4-17 所示，完成支付后，即可为选中的视频投放 DOU＋。

Step 05 如果运营者想对推广方式进行更细致的设置，可以点击"我想选择的套餐是"板块中的"切换至自定义推广"按钮，进入"我的推广设置是"板块，❶在"更看重粉丝"选项区中选择"点赞评论"选项；

❷设置"投放时长"为"12小时";❸设置"投放金额"为"100",如图 4-18 所示,点击"支付"按钮完成支付即可。

图 4-16　　　　图 4-17　　　　图 4-18

4.5　认识企业号

如果企业和商家想通过抖音进行营销推广,就不能忽略企业号这个专属工具。本节主要介绍企业号的主要功能、专属权益和开通方法。

4.5.1　了解企业号的主要功能

企业号是抖音平台特意为企业和商家推出的实用工具,企业和商家可以运用企业号在抖音上建立专属的经营阵地。具体来说,企业号有建立品牌、吸引客户和在线成交这三大功能,如图 4-19 所示。

建立品牌	吸引客户	在线成交
企业蓝 V 标识,增强品牌权威性,获得用户信任,账号昵称唯一	面向海量客户,真实展示产品和服务;与达人资源置换,免费拍摄宣传视频	享受企业直播特权、发放优惠券,可以展示企业网址和电话

图 4-19

4.5.2 了解企业号的专属权益

企业和商家完成企业号的开通后，即可享受 30 项权益。不过，这 30 项权益并不是一次性发放，而是根据企业号认证的程度来逐渐解锁的。具体来说，企业号认证包括上传营业执照、企业身份验证和免费资质审核这 3 步，每完成一步都会解锁新的专属权益。

当完成营业执照的上传后，可以解锁企业号的 9 项权益，包括电话功能、粉丝画像、数据分析工具、智能剪辑工具、服务市场、精选案例、设置关键词回复、企业服务中心和企业号学堂。

当完成企业身份验证后，在上一步获得的 9 项权益的基础上，会获得新的 10 项权益，包括设置私信消息卡片、分组管理用户、添加官网主页链接、添加在线预约链接、添加视频组件、企业直播特权、认领门店地址、进行门店装修、展示商家主页和展示卡券优惠。

当完成资质审核后，即可将账号认证为企业号，获得最后的 11 项高级权益，包括企业蓝 V 标识、账号运营指导、昵称的唯一性、品牌名搜索置顶、营销账号评级豁免、资源置换获得免费合作、私信自动回复、设置子母账号、免费同步认证、设置员工账号和添加应用下载按钮。

4.5.3 了解企业号的开通方法

企业号权益很多，又背靠抖音平台的海量用户和精细化的行业分类，发展前景非常可观，能够开通的企业和商家当然不能错过。下面介绍在抖音 App 中开通企业号的方法。

Step 01 打开并登录抖音 App，进入抖音创作者中心界面，点击"全部"按钮，如图 4-20 所示。

Step 02 在弹出的"我的服务"对话框中，点击"进阶服务"板块中的"企业号开通"按钮，如图 4-21 所示。

Step 03 进入"试用企业号"界面，默认选中"关注 @ 企业号小助手 @ 企业号助推官 @DOU ＋好生意"复选框，❶选中"同意并遵守《抖音

第 4 章 广告投放：选择合适的方式进行推广

试用及普通企业号服务协议》"复选框；❷点击"0 元试用企业号"按钮，如图 4-22 所示。

Step 04 执行操作后，进入"抖音 | 企业号"界面，如图 4-23 所示，根据界面提示完成认证，才能正式开通企业号，享受所有权益。

图 4-20

图 4-21

图 4-22

图 4-23

059

Chapter 05

第5章
内容引流：
打造爆款实现
流量的暴增

在进行视频种草时，内容是关键。通常来说，好的内容更容易获得流量、引爆商品的销量。本章，笔者就为大家讲解带货内容的制作技巧，帮助大家快速制作出优质的种草视频。

5.1 了解爆款内容

很多人在制作带货短视频时不知道该拍摄什么内容，也不知道哪些内容容易上热门。这一节，笔者就给大家分享一些常见的爆款内容，帮助大家获得更多的流量，从而达到引爆商品的目的。

5.1.1 借助颜值取胜

在抖音上，用户给短视频点赞的很大一部分原因是他们被视频中的人或物的"颜值"迷住了，从而对视频中的人或物"一见钟情"，也可以理解为"心动的感觉"。比起其他的内容形式，好看的外表确实很容易获取用户的好感。

但是，笔者说的"一见钟情"并不单单指出镜人物的"颜值"高或身材好，而是通过一定的装扮和肢体动作，在视频中表现出"充分入戏"的镜头感。所以，"一见钟情"是"颜值＋身材＋表现力＋亲和力"的综合体现。对此，运营者在制作带货短视频时，可以增强出镜人物的镜头感，让看到短视频的用户对其中的人物或内容"一见钟情"。

5.1.2 添加搞笑元素

打开抖音 App，随便刷几个短视频，就会看到其中有搞笑类的视频内容。这是因为抖音毕竟是人们在闲暇时间用来放松或消遣的娱乐方式，因此平台也非常喜欢这种搞笑类的视频内容，更愿意将这些内容推送给用户，增加用户对平台的好感，同时让平台用户变得更为活跃。

对此，运营者可以在带货短视频中添加搞笑元素，增加内容的吸引力，让用户看到视频后便乐开了花，忍不住要给你点赞。运营者在拍摄搞笑类视频时，可以从以下几个方面入手来创作内容。

1．剧情搞笑

运营者可以通过招募演员、策划剧本来自行拍摄具有搞笑风格的视频作品。这类视频中的人物形体和动作通常都比较夸张，并且语言幽默搞笑，感染力非常强，能给用户留下比较深刻的印象。

2．创意剪辑

通过截取一些搞笑的短片镜头画面，嵌入带货视频的转场处，并配上字幕和背景音乐，制作成创意搞笑的视频内容。

3．犀利吐槽

对于语言表达能力较强的运营者来说，可以直接用真人出镜的形式来上演脱口秀节目，吐槽一些接地气的热门话题或者各种趣事，加上较为夸张的造型、神态和表演，给用户留下深刻印象，从而提升带货的效果。

5.1.3　发挥萌宠的作用

与"颜值"类似的是"萌值"，如萌宠类型的内容同样具有让人难以抗拒的强大吸引力，能够让用户瞬间觉得心灵被治愈了。短视频中那些憨态可掬的萌宠具备强治愈力，不仅可以快速火起来，还可以获得用户的持续关注。

"萌"往往和"可爱"这个词对应，所以许多用户在看到萌的事物时，都会忍不住想要多看几眼。对此，运营者可以借助萌宠来打造带货短视频，从而提高视频对用户的吸引力。

要知道，"萌"不是人类的专有名词，小猫、小狗等可爱的宠物也是很萌的。许多人之所以养宠物，就是觉得萌宠特别惹人怜爱。如果能把宠物日常生活中惹人怜爱、憨态可掬的一面通过视频展现出来，也能轻松吸引用户的目光。也正是因为如此，抖音平台上经常能看到萌宠出镜的种草短视频，如图 5-1 所示。

对于运营者来说，这种利用宠物"萌值"进行带货的做法非常值得借鉴。但是，要想成为一个出色的萌宠类账号，提升账号的带货能力，还要掌握一些内容策划的技巧，具体如下。

（1）让萌宠人性化。例如，可以从萌宠的日常生活中找到它的"性格特征",并通过剧情的设计,对萌宠的"性格特征"进行展示和强化。

图 5-1

(2)让萌宠拥有特长。例如,可以通过不同的配乐展示宠物的舞姿,把宠物打造成"舞王"。

(3)配合宠物演戏。例如,可以拍一个萌宠的日常,然后通过后期配音,让萌宠和主人"说话"。

5.1.4 融入独特创意

抖音平台上有创意的短视频内容通常更容易获得用户的喜爱。运营者也可以结合自身优势,打造出具有创意的短视频内容,让更多用户为你点赞,增加短视频的流量。

例如,一名擅长做竹编的运营者,通过短视频为用户展示了竹编制作的滕王阁。看到该短视频之后,很多用户惊叹于该运营者的高超技艺和独特创意,纷纷为其点赞,而该短视频也获得了大量的流量。

5.1.5 设计有反转的剧情

拍摄抖音带货短视频时，出人意料的结局反转往往能让人眼前一亮。在制作短视频时要打破常规惯性思维，让用户在看开头时猜不透结局的动向，而当看到最终结果时，用户便会豁然开朗，忍不住为其点赞。

例如，由于大部分女性都非常喜欢购物，因此关于是否要让女性节制消费的问题一直备受关注，一位运营者便结合该问题推出了相关的短视频。

在视频中一名男子在家里打扫卫生时打电话询问妻子在做什么。得知妻子在购物后，男子也顾不得身上还穿着围裙，便朝着妻子狂奔而去。到了妻子购物的店铺之后，男子喊住了正要刷卡付账的妻子。就在大家以为他会夺过妻子手中的银行卡离去之际，没想到他对着收银员说了一声："刷我的！"看到这里之后，大家纷纷为他的"宠妻"行为而点赞。

5.2 策划优质脚本

短视频的内容策划是有技巧的，如果运营者掌握了内容策划的技巧，那么根据策划的脚本制作的短视频就能够获得较为可观的播放量，其中优质短视频的播放量甚至可以超过 10 万次。具体来说，短视频内容要如何进行策划呢？这一节，笔者就来分别进行解读。

5.2.1 围绕商品进行策划

制作种草短视频的最终目的还是进行带货，提高商品的销量。基于这一点，运营者可以围绕商品来策划脚本。例如，运营者可以先亲自使用商品，总结出商品的卖点；然后结合卖点来策划脚本内容，确定脚本的具体信息，包括商品的展现场景、卖点展示方式和出镜人物等。

5.2.2 围绕热点进行策划

通常来说，热度越高的内容越容易受到用户的关注。对此，运营者可以了解平台的热点，然后选择与热点相关的商品来策划脚本并制作种草视频，从而借助平台的热点提升带货的效果。

运营者可以查看抖音 App 的"抖音热榜"板块，查看当前的热点内容。❶点击抖音首页右上角的搜索图标🔍，进入搜索界面；❷在界面的底部点击"查看完整热点榜"按钮，如图 5-2 所示，即可进入"抖音热榜"界面，查看当前"热点榜""娱乐榜""社会榜""挑战榜""同城榜"中的内容。

图 5-2

除此之外，运营者还可以选择相应热点，进入热点的详情界面，查看相关的短视频内容。例如，运营者可以在"抖音热榜"界面中选择热点"三月文案"，即可进入"三月文案"热点的详情界面，如图 5-3 所示。有需要的运营者还可以点击界面中的"拍摄"按钮，发布短视频，借助该热点进行商品的种草。

图 5-3

5.2.3 围绕话题进行策划

运营者可以将话题作为立足点，选择用户感兴趣的话题，并据此策划具体的种草视频。当然，运营者在选择话题时，要根据实际情况进行选择。

例如，夏季太阳很大，出门在外很容易被晒黑，此时防晒通常会成为女性讨论的热门话题。对此，运营者可以立足防晒这个话题来策划视频，选择亲测有效的几款商品进行视频种草，将其推荐给有需要的用户。

5.2.4 细化脚本内容

在策划短视频脚本时，运营者要将相关的内容尽量细节化，把重要的内容详细地展示出来。具体来说，在策划短视频脚本时，运营者需要做好以下工作。

1. 前期准备

在编写脚本之前，运营者还需要做好一些前期的准备工作，确定视频的整体内容思路。具体来说，编写脚本需要做好的前期准备如下。

（1）拍摄的内容。每个短视频都应该有明确的主题，以及为主题服务的内容。这就需要在编写脚本时先将拍摄的内容确定下来，列入脚本中。

（2）拍摄的时间。有时候拍摄一条短视频涉及的人员可能比较多，此时就需要通过确定拍摄时间来确保短视频拍摄工作的正常进行。另外，有的短视频内容可能会对拍摄的时间有一定的要求，这一类短视频的制作也需要在脚本编写时就将拍摄的时间确定下来。

（3）拍摄的地点。许多短视频对于拍摄地点都有一定的要求，是在室内拍摄还是在室外拍摄？是在繁华的街道拍摄还是在静谧的山林拍摄？这些都应该在编写脚本时确定下来。

（4）使用的背景音乐。背景音乐是短视频内容的重要组成部分，如果背景音乐用得好，甚至可以成为短视频内容的点睛之笔。因此，在编写脚本时就要将背景音乐确定下来。

2. 整体架构

短视频脚本的编写是一个系统工程，一个脚本从空白到完成整体构建，需要经过3个步骤，具体如下。

1）步骤1：确定主题

确定主题是短视频脚本创作的第一步，也是关键性的一步。因为只有主题确定了，运营者才能围绕主题策划脚本内容，并在此基础上将符合主题的重点内容有针对性地展示给核心目标人群。

2）步骤2：构建框架

主题确定之后，接下来需要做的就是构建起一个相对完整的脚本框架。例如，可以从什么人，在什么时间、什么地点，做了什么事，造成了什么影响的角度，勾勒短视频内容的大体框架。

3）步骤3：完善细节

内容框架构建完成后，运营者还需要在脚本中对一些重点的内容细节进行完善，让整个脚本内容更加具体化。

例如，运营者在脚本编写的过程中，可以对短视频中出镜人物的穿着、性格特征和特色化语言进行策划，让出镜人物的表现更加形象和立体化。

3．剧情策划

剧情策划是脚本编写过程中需要重点把握的内容。在策划剧情的过程中，运营者需要从两个方面做好详细的设定，即人物设定和场景设定。

（1）人物设定。人物设定的关键就在于通过人物的台词、情绪的变化、性格的塑造等来构建一个立体化的形象，让用户看完短视频之后，就对短视频中的相关人物留下深刻的印象。除此之外，成功的人物设定还能让用户通过人物的表现，对人物面临的相关情况更加感同身受。

（2）场景设定。场景的设定不仅能够对短视频内容起到渲染作用，还能让短视频的画面更加具有美感，更能吸引用户的关注。具体来说，运营者在编写脚本时，可以根据短视频主题的需求，对场景进行具体的设定。例如，要制作宣传厨具的短视频，便可以在编写脚本时把场景设定在一个厨房中。

4．人物对话

在短视频中，人物对话主要包括短视频的旁白和人物的台词。而短视频中人物的对话不仅能够对剧情起到推动作用，还能突出人物的性格特征。例如，要打造一个勤俭持家的人物形象，便可以在短视频中设计该人物在买菜时与菜店店主讨价还价的对话。

因此，运营者在编写脚本时需要对人物对话多加重视，一定要结合人物的形象来设计对话。有时候为了让用户对视频中的人物留下深刻的印象，运营者甚至需要为人物设计特色的口头禅。

5．脚本分镜

脚本分镜就是在编写脚本时将短视频内容分割为多个具体的镜头，并针对具体的镜头策划内容。通常来说，脚本分镜主要包括分镜头的拍法（包括景别和运镜方式）、镜头的时长、镜头的画面内容、旁白和背景音乐等。

脚本分镜实际上就是将短视频制作这个大项目，分为多个具体可实行的小项目（即一个个分镜头）。因此，在策划分镜头内容时，不仅要将镜头内容具体化，还要考虑到分镜头拍摄的可操作性。

5.3 掌握制作技巧

在传统电商时代，用户通常只能通过图文信息来了解商品详情，而如今视频已经成为商品的主要展示形式。因此，对于运营者来说，在通过抖音平台带货之前，要拍摄和制作一些商品视频。这些商品视频的画面要漂亮和真实，必须能够勾起用户的购买兴趣。

本节主要介绍不同类型的商品视频拍摄和制作技巧，以及抖音平台中热门品类内容的创作技法，帮助大家轻松制作出爆款带货视频。

5.3.1 拍摄外观型商品

在拍摄外观型的商品视频时，要重点展现商品的外在造型、图案、颜色、结构、大小等外观特点，通过外观设计来吸引用户的目光，建议拍摄思路为"整体→局部→特写→特点→整体"。

例如，下面这个音响的种草短视频中，先是展示了音响的外观，然后展示了音响正面的印花图案细节，最后展示了音响和配件的包装盒样式，如图 5-4 所示。

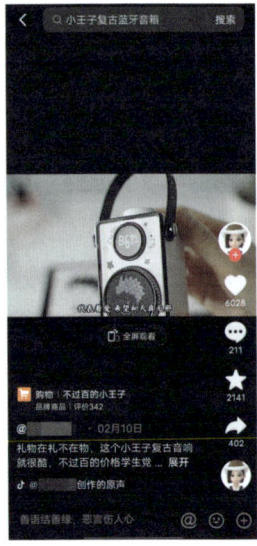

图 5-4

特别提醒 如果拍摄外观型商品时有模特出镜,可以增加一些商品的使用场景镜头,展示商品的使用效果。需要注意的是,商品的使用场景一定要真实,很多用户都是"身经百战"的网购达人,他们一眼就能分辨出真假,而且这些人往往都是长期的消费群体,运营者一定要把握住这群人,尽量不要通过后期处理加入一些不真实的内容。

5.3.2 拍摄功能型商品

功能型商品通常具有一种或多种功能,能够解决人们日常生活中遇到的难题,因此拍摄商品视频时应将重点放在功能和特点的展示上,建议拍摄思路为"整体外观→局部细节→核心功能→使用场景"。

例如,下面这个蒸锅的种草短视频中,先拍摄了蒸锅的整体外观,然后拍摄局部的细节,最后展示了用蒸锅蒸出来的虾,如图 5-5 所示,看到这个视频之后,用户就能很直观地了解这款蒸锅的使用效果。

第 5 章 内容引流：打造爆款实现流量的暴增

图 5-5

特别提醒 如果拍摄功能型商品时有模特出镜，同样可以添加一些商品的使用场景。另外，有条件的运营者也可以通过自建美工团队或外包形式来制作 3D（3-dimension，三维）动画类型的功能型商品视频，更加直观地展示商品的功能。

5.3.3 拍摄综合型商品

综合型商品是指兼外观和功能特色于一体的商品，因此在拍摄这类商品时需要兼顾两者的特点，既要拍摄商品的外观细节，也要拍摄其功能特点，还需要贴合商品的使用场景来充分展示其使用效果。如果是生活中经常使用的商品，则最好选择生活场景作为拍摄环境，这样容易引起用户产生共鸣。

图 5-6 所示为某款羽毛笔（钢笔）套装的种草短视频，该短视频中先是对这款钢笔套装的整体进行了讲解和展示，然后对其书写功能和附带的火漆印章功能进行了实测，让用户对该钢笔套装有了更深入的了解。

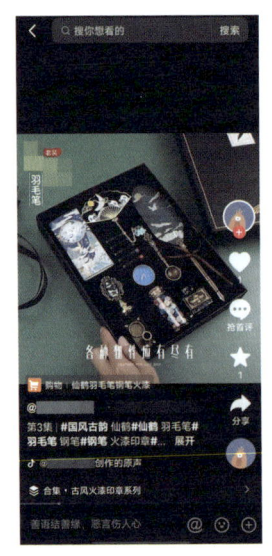

图 5-6

5.3.4 制作穿搭视频

穿搭是抖音平台的第一品类，还是人们的生活必需品，在衣食住行中排列第一。服装除了原有的保暖功能，现在已经上升到另一个更高的境界：服饰可以代表一个人的形象。

越来越多的人开始重视服装的合适、得体、美观和时尚，但是挑选衣服并不是一件简单的事情，它不仅仅需要花费时间，还要考虑各种特殊情况。这种用户痛点为抖音的运营者带来了很多机会。那么，穿搭类的短视频该如何创作呢？下面总结了三大要点，分别为强烈的个人风格、实用的价值、追寻时下热点。

1．强烈的个人风格

运营者可以通过突出强烈的个人风格，让用户第一时间记住你。在抖音平台中，经常可以看到街头、复古、Y2K、机能、日潮、汉服等具有强烈个人风格的种草视频，能让用户更快地找到自己喜欢的商品，如图 5-7 所示。

第 5 章 内容引流：打造爆款实现流量的暴增

特别提醒 Y2K 中的 Y 代表 year，2K 即 2000，这个名字源自一种名为"千年虫"的计算机病毒。Y2K 风格主要是以科技感、配色鲜艳、立体感为设计核心，具有独特的迷幻、复古与未来感；机能风来源于"赛博朋克"，最初是为运动、户外探险、户外作业等需求而设计的服装，最大的特点在于面料和功能性设计。

图 5-7

运营者可以根据自己的风格来创建品牌的风格。创建个人品牌并没有想象中那么遥不可及，市面上到处都可以看见新的品牌诞生，一个品牌最重要的就是寻找到自己最擅长的风格，并与其他品牌区分开来。

2. 实用的价值

运营者可以多做一些实用性的视频内容，往往更容易获得用户的点赞和互动。例如，对于穿搭展示的视频内容，建议运营者在视频中增加口播或文字，将搭配的要点和适用的场景告诉用户，或者把品牌或店铺罗列出来，便于用户下单。

对于潮品推荐类的内容，则建议运营者对单品进行详细介绍，或者对同类单品进行对比测评，给出选购建议，带货效果通常会更好。

3．追寻时下热点

潮流和趋势是并行的，流行趋势是随着季节、节日等变化的，如新年穿搭，或者提前预告春夏流行色搭配，或者市面上的新品、联名款和限定款等。运营者要时刻保持敏锐的时尚嗅觉，这样可以让你先人一步做出爆款内容。

5.3.5 制作美妆视频

字节跳动旗下的巨量星图提供的数据显示，无论是接单总金额还是接单数量，美妆达人号都是遥遥领先其他领域的，因此美妆在短视频领域的发展趋势不容忽视。下面介绍一些美妆型视频内容的创作技法。

1．真实有趣的人设

在抖音平台上，用户可以看到妆容教程、护肤心得、好物分享等各类内容，平台上的美妆短视频达人阵容正在快速增长。在整个抖音电商体系中，美妆都是一个相对成熟的品类，运营者想要脱颖而出，必须要有人设。

建议运营者将真实的自己呈现给用户，用你觉得舒服的方式和节奏与用户交流。很多时候，在视频中呈现出一个真实有趣的人设，对于用户来说会更有记忆点。

2．真诚地分享知识

分享各种美妆知识很容易吸引用户的关注，其视频内容大致可以分为以下几类。

（1）好物分享。抖音平台鼓励详细介绍单品的内容，运营者可以一次介绍多款商品，同时展示亲身试用的效果，这种内容对与运营者有相同肤质的用户会更有参考价值。

（2）妆容教程。运营者可以将妆容教程视频中用到的单品都罗列出来，如果是仿妆或变妆等内容，则最好保留化妆的整个过程。

（3）护肤攻略。运营者既可以从专业的角度分析，也可以从个人角度谈谈自己的护肤心得，为用户带来有用的护肤建议。

3．紧跟时尚潮流趋势

流行妆容、美妆好物是时刻变化的，运营者必须发掘出热门妆容，紧跟护肤趋势。要做到这一点，建议运营者时刻关注各种明星造型和新品上市信息，抢得市场先机。

Chapter 06

第6章
抖音引流：利用自身功能提高曝光量

抖音短视频自媒体已经是未来发展的一个趋势，它的影响力越来越大，用户也越来越多。对于抖音这个聚集大量流量的地方，"抖商"怎么可能会放弃呢？本章将介绍抖音快速涨粉和引流的技巧，帮助大家将意向客户引至私域流量池。

6.1 掌握涨粉秘诀

要想在短时间内快速涨粉,其中的核心秘诀就是做爆款短视频。那要怎么制作爆款短视频呢?本节,笔者就来告诉大家制作爆款短视频的 4 个要点。

6.1.1 产出原创视频

抖音平台有查重机制,机器审核环节会对每一个短视频进行逐帧查重。如果你发布的是搬运或者后期简单处理的短视频,那么你的账号就会被抖音打入"冷宫",甚至会被做出降权处理。因此产出原创视频的重要性不言而喻。

抖音平台是鼓励原创的,而且其实原创也没有大家想象中那么难。哪怕你把抖音平台中正火的作品经过简单修改后再翻拍,这也是原创。而且,经常发生抖音原创作品不火而翻拍的却火了的情况。

6.1.2 添加热门音乐

同一个视频,同一天发布出来,只是换了一个热门的背景音乐,结果一个点赞量不到 60 万,另一个点赞量超过 890 万。在抖音平台,想要做出爆款,关键在于视频画面和背景音乐。

在艺术领域有一个名词叫戏剧性情境中的反差设定,它是指通过具有强烈反差的设定,给人留下深刻的印象。例如,一个乞丐和一个时髦女郎站在一起,是不是就要比两个乞丐站在一起给人留下的印象更为深刻?所以,事物的反差越大,戏剧性也就越强。想要通过背景音乐快速抓住用户的情绪,可以采用以下 3 种背景音乐的万能搭配方式。

(1)欢快的视频画面+悲伤的背景音乐。

(2)倒霉的视频画面+欢快的背景音乐。

(3)恐怖的视频画面+魔性的背景音乐。

如果在短视频的制作过程中能赋予视频有灵魂的音乐，让视频内容与背景音乐之间具有强烈的"反差"，自然就能很快勾起用户的好奇心。

6.1.3 编写有吸引力的文案

短视频能不能火，标题封面文案和内容文案起到了至关重要的作用。你的标题文案写得越好，越能引起用户的好奇或者共鸣，用户自然就会查看你的短视频，然后关注你的账号。所以，掌握了文案的编写策略，你的短视频会更容易上热门。

例如，某短视频中对一款玩具进行了推销。一般来说，对于推销类的短视频，许多用户都是有一些抵触情绪的，如果运营者在文案中直接写明要用户购买商品，那么大部分用户可能会选择直接略过。

而这条短视频做得比较好的一点就是，在文案中重点突出该玩具对孩子的吸引力，强调买了该玩具之后，孩子就不会玩家长的手机了。而孩子玩手机正是许多家长比较忧虑的一个问题，因此看到该文案之后，许多用户便被吸引了。

6.1.4 尝试真人出镜

从 2019 年 5 月 1 日起，抖音官方就开始对图文类账号限流了。如果你打算做抖音运营，建议你选择真人出镜。因为抖音是一款非常符合商业变现逻辑的社交短视频 App，能不能在抖音上获取收益取决于别人对你的信任感。

在抖音中信任感就等于人民币，真人出镜不但能够塑造你的个人IP，还能提高你的粉丝黏性。同时，我们可以通过真人出镜的方式来输出价值，在传递价值观的同时增加用户对你的信任感。这也就是很多真人出镜的新号能在短短几个月的时间内积累上百万粉丝的原因了。

可能有的人觉得自己表现力还不够好，羞于面对镜头。更有甚者认为要保持低调，不愿意轻易卖脸。

其实，不愿意出镜的本质问题还是害怕受挫，所以才一直处于舒适区，不愿意突破自己。笔者希望，看到这本书的读者都不要给自己设限。送给大家一个笔者经常使用的万能咒语，每次只要遇到不敢挑战的事情，笔者就会对自己说："管他的，豁出去了！"

6.2 玩转引流方法

抖音聚合了大量的短视频信息，同时聚合了很多流量。对于运营者来说，通过抖音引流，让它为己所用才是关键。本节将介绍 8 个简单的抖音引流方法，教你实现粉丝的爆发式增长。

6.2.1 通过抖音 SEO 引流

SEO 是 search engine optimization 的英文缩写，中文译为"搜索引擎优化"。它是指通过对内容的优化获得更多流量，从而实现自身的营销目标。所以，说起 SEO，许多人首先想到的可能就是搜索引擎的优化，如百度平台的 SEO。

其实，SEO 不只是搜索引擎独有的运营策略。抖音平台同样可以进行 SEO 优化。例如，我们可以通过对抖音短视频的内容运营来实现内容霸屏，从而让相关内容获得快速传播。

抖音平台 SEO 优化的关键就在于视频关键词的选择，而视频关键词的选择又可细分为两个方面，即关键词的确定和使用。

1．视频关键词的确定

用好关键词的第一步就是确定合适的关键词。通常来说，关键词的确定主要有以下两种方法。

1）根据内容确定关键词

什么是合适的关键词？笔者认为，它首先应该是与抖音号的定位以及短视频内容相关的。否则，用户即便看到了短视频，也会因为内容与关键词不对应而直接略过，而这样一来，选取的关键词也就没有太多积极意义了。

2）通过预测选择关键词

除了根据内容确定关键词，运营者还需要学会预测关键词。用户在搜索时所用的关键词可能会呈现阶段性的变化。具体来说，许多关键词都会随着时间的变化而具有不稳定的升降趋势。因此，运营者在选取关键词之前，需要预测用户搜索的关键词。下面笔者从两个方面分析介绍如何预测关键词。

社会热点新闻是人们关注的重点，当社会新闻出现后，会出现一大批新的关键词，搜索量高的关键词就叫热点关键词。因此，运营者不仅要关注社会新闻，还要学会预测热点，抢占先机预测出热点关键词，并将其用于抖音短视频中。下面，笔者介绍一些预测热点关键词的方向，如图 6-1 所示。

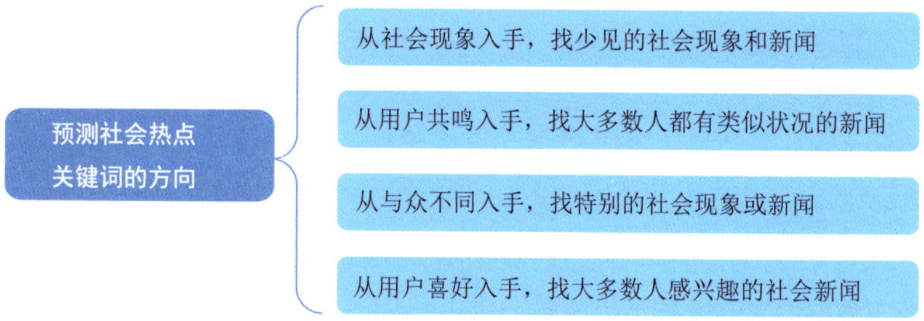

预测社会热点关键词的方向：
- 从社会现象入手，找少见的社会现象和新闻
- 从用户共鸣入手，找大多数人都有类似状况的新闻
- 从与众不同入手，找特别的社会现象或新闻
- 从用户喜好入手，找大多数人感兴趣的社会新闻

图 6-1

除此之外，即便搜索同一类物品，用户在不同时间段选取的关键词仍有可能存在一定的差异性。也就是说，用户在搜索关键词的选择上可能会呈现出一定的季节性。因此，运营者需要根据季节性，预测用户搜索时可能会选取的关键词。

值得一提的是，关键词的季节性波动比较稳定，主要体现在季节和节日两个方面。例如，用户在搜索服装类内容时，可能会直接搜索包含四季名称的关键词，即春装、夏装等；而在搜索与节目相关的内容时，关键词可能会包含节日名称，如春节服装。

季节性的关键词预测还是比较容易的，运营者除了可以从季节和节日两个方面进行预测，还可以从以下几个方向进行预测，如图6-2所示。

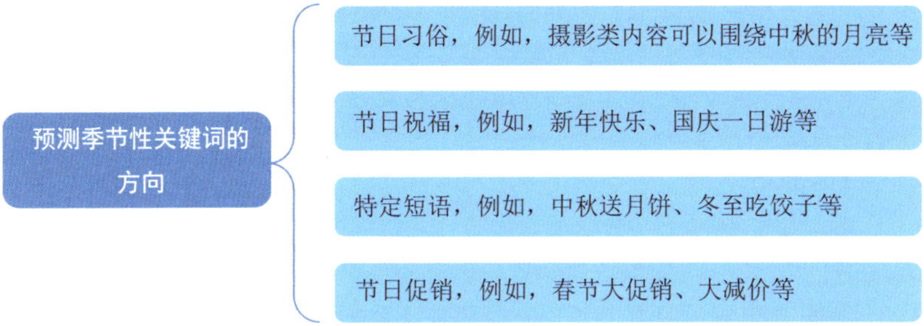

```
                    ┌─ 节日习俗，例如，摄影类内容可以围绕中秋的月亮等
                    │
预测季节性关键词的    ├─ 节日祝福，例如，新年快乐、国庆一日游等
      方向           │
                    ├─ 特定短语，例如，中秋送月饼、冬至吃饺子等
                    │
                    └─ 节日促销，例如，春节大促销、大减价等
```

图 6-2

2．视频关键词的使用

在添加关键词之前，运营者可以通过查看朋友圈动态、微博热点等方式，抓取近期的高频词汇，将其作为关键词嵌入抖音短视频中。

需要特别说明的是，运营者统计出近期出现频率较高的关键词后，还需要了解关键词的来源，只有这样才能让关键词用得恰当。

除了选择高频词汇，运营者还可以通过在抖音号简介和短视频文案中增加关键词使用频率的方式，让内容尽可能与自身业务直接联系起来，从而给用户一种专业的感觉。

6.2.2 通过抖音评论区引流

许多用户在看抖音视频时，会习惯性地查看评论区的内容。同时，用户如果觉得视频内容比较有趣，还可以通过@抖音号的方式吸引其他用户前来观看该视频。因此，如果运营者的评论区利用得当，便可以起到不错的引流效果。

抖音视频文案中能够呈现的内容相对有限，因此有可能出现一种情况，那就是有的内容需要进行一些补充。此时，运营者便可以通过评论区的自我评论来进一步进行说明。另外，在短视频刚发布时，可能看到视频的用户不是很多，也不会有太多用户评论。如果此时运营者进行自我评论，也能起到增加视频评论量的作用。

除了自我评价补充信息，运营者还可以通过回复评论解决用户的疑问，引导用户的情绪，从而提高商品的销量。

回复抖音评论看似是一件再简单不过的事，实则不然。为什么这么说呢？这主要是因为在进行抖音评论引流时还有一些需要注意的事项，具体如下。

1. 第一时间回复评论

运营者应该尽可能在第一时间回复用户的评论，这主要有两个方面的好处。一是快速回复能够让用户感觉到你对他的重视，这样自然能增加用户对你和你的抖音号的好感；二是回复评论能够从一定程度上增加视频的热度，让更多用户看到你的视频。

那么，如何做到第一时间回复评论呢？其中一种比较简单、有效的方法就是在短视频发布的一段时间内及时查看用户的评论。一旦发现有新的评论，便在第一时间做出回复。

2. 不要重复回复评论

对于相似的问题，或者同一个问题，运营者最好不要重复进行回复，这主要有两个方面的原因。一是运营者回复的内容中或多或少会有一些营销的痕迹，如果重复回复，那么整个评价界面便会看到很多有广告痕迹的内容，而这些内容往往会让用户产生反感情绪。

二是对于相似的问题，点赞相对较高的评论会排到评论的靠前位置，运营者只需对点赞较高的评论进行回复，其他有相似问题的用户自然就能看到。而且，这还能减少回复的工作量，节省大量的时间。

3. 注意规避敏感词汇

对于一些敏感的问题和敏感的词汇，运营者在回复评论时一定要尽可能规避。

6.2.3 通过账号互推引流

互推就是互相推广的意思。大多数抖音号在运营过程中都会获得一些粉丝，只是对于许多运营者来说，获得的粉丝量可能并不是很多。此时，运营者便可以通过与其他抖音号进行互推，让更多用户看到你的抖音号，从而提高抖音号的传播范围，让抖音号获得更多的流量。

在抖音平台中，互推的方法有很多，其中比较直接、有效的一种互推方式就是在视频文案中互相@，让用户看到相关视频之后，就能看到互推的账号。

例如，抖音平台中有两个账号经常互相@，再加上其中一个抖音号又是另一个抖音号运营者的父亲运营的，因此，这两个账号之间具有很高的信任度，互推的频率也可以进行把握。所以，这两个账号的互推通常能获得不错的效果。

6.2.4 通过抖音矩阵引流

抖音矩阵引流就是通过多个账号的运营进行营销推广，从而增强营销的效果，获取稳定的流量池。抖音矩阵可分为两种：一种是个人抖音矩阵，即某个运营者同时运营多个抖音号，组成营销矩阵；另一种是多个具有联系的运营者组成一个矩阵，共同进行营销推广。

6.2.5 通过抖音私信引流

抖音有发信息的功能，一些粉丝可能会通过该功能给运营者发信息，如图6-3所示。运营者可以定时查看私信，并利用私信来进行引流。具体来说，当粉丝给你发私信时，运营者可以通过回复私信为自己运营的其他账号进行引流。当然，运营者也可以主动出击，当系统提示有新粉丝关注你的账号时，就主动给新粉丝发送引流信息，如图6-4所示。

图 6-3　　　　　　　　图 6-4

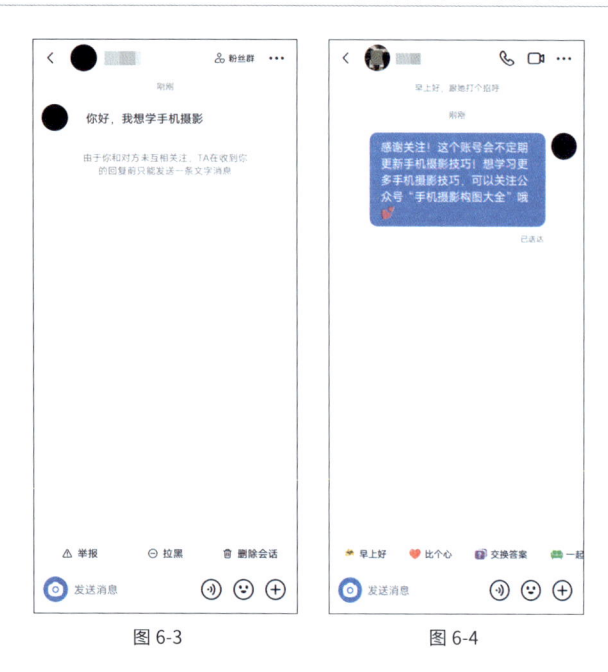

6.2.6　通过抖音直播引流

直播对于运营者来说意义重大，一方面，运营者可以通过直播销售商品，获得收益；另一方面，直播也是一种有效的引流方式，只要用户在直播的过程中点击关注，便会自动成为抖音号的粉丝。

在抖音直播中，❶用户点击界面左上方账号头像所在的位置，界面中便会弹出一个账号详情对话框；❷点击对话框中的"关注"按钮；❸界面中会显示"关注成功"，即可成功关注该抖音号，如图 6-5 所示。此时，用户便通过直播关注抖音号，成为该抖音号的私域流量了。

除此之外，在直播界面中还有一种更方便的关注方法，那就是用户直接点击直播界面左上方的"关注"按钮。

6.2.7　通过分享转发引流

抖音中有分享转发功能，运营者可以借助该功能，将抖音短视频分享至对应的平台，从而达到引流的目的。那么，如何借助抖音的分享转发功能引流呢？接下来，笔者就对具体的操作步骤进行说明。

图 6-5

Step 01 登录抖音 App，进入需要转发的短视频的播放界面，点击 按钮，如图 6-6 所示。

Step 02 执行操作后，弹出"分享给朋友"对话框。在该对话框中，运营者可以选择复制视频链接、将视频保存到本地和生成视频分享图片 3 种方式进行分享。以复制视频链接为例，点击对话框中的"复制链接"按钮，如图 6-7 所示。

Step 03 执行操作后，会返回到短视频的播放界面，并且界面中会显示"复制链接成功"，如图 6-8 所示。

Step 04 此时，运营者可以选择将链接分享到任意平台中。以分享到微信为例，运营者打开微信 App，选择要分享短视频的对象，如图 6-9 所示。

抖音电商：巨量千川运营、广告投放、短视频引流、直播带货一本通

图 6-6

图 6-7

图 6-8

图 6-9

第 6 章 抖音引流：利用自身功能提高曝光量

Step 05 进入微信聊天界面，在输入栏中长按，会弹出一个对话框，点击对话框中的"粘贴"按钮，如图 6-10 所示。

Step 06 执行操作后，输入栏中会出现刚刚复制的短视频链接，点击"发送"按钮，如图 6-11 所示。

Step 07 执行操作后，聊天界面中便会出现短视频链接，如图 6-12 所示。

图 6-10　　　　　图 6-11　　　　　图 6-12

如果微信好友想要查看该视频，可以先复制这条短视频链接，再打开抖音 App，此时会自动弹出相应的对话框，点击对话框中的"打开看看"按钮，即可进入该视频的播放界面，如图 6-13 所示。

而对于运营者来说，只要用户使用口令跳转到视频的播放界面，就可以增加短视频的流量。

除了复制链接进行分享，运营者也可以在"分享给朋友"对话框中点击"保存本地"按钮，进入下载对话框，下载完成后，点击"发送视频到微信"按钮，如图 6-14 所示，会自动跳转至微信 App，运营者将保存的视频发送给相应好友即可。

图 6-13

运营者还可以在"分享给朋友"对话框中点击"生成图片"按钮，即可生成该视频的抖音码图片，并弹出"分享到"对话框，如图 6-15 所示，此时运营者选择要分享的平台进行分享即可。

图 6-14　　　　　　图 6-15

6.2.8　通过收藏视频引流

抖音短视频平台提供了收藏功能，运营者可以借助该功能收藏自己发布的短视频，并在合适的时候将短视频分享给抖音好友。具体来说，运营者可以通过如下步骤收藏并分享短视频。

Step 01 登录抖音 App，进入需要收藏并分享的短视频的播放界面，点击★按钮，如图 6-16 所示，即可成功收藏视频。

Step 02 当运营者需要将收藏的短视频分享给好友时，在"我"界面中切换至"收藏"选项卡，如图 6-17 所示，这里会展示运营者在抖音中收藏的所有内容。

图 6-16　　　　图 6-17

Step 03 在"视频"选项区中选择要分享的视频，进入视频的播放界面，点击➦按钮，在弹出的"分享给朋友"对话框中，❶选择分享对象；❷点击"私信发送"按钮，如图 6-18 所示。

Step 04 执行操作后，即可将收藏的视频分享给抖音好友，在与好友的

089

聊天界面中会显示分享的短视频的封面，如图 6-19 所示，好友点击封面就可以查看视频，而这样一来，运营者便可以将抖音好友变成短视频的流量了。

图 6-18

图 6-19

Chapter 07

第7章
站外引流：
借助短视频
营销聚集流量

运营者可以借助站外平台进行引流，实现短视频的广泛传播，从而实现流量的快速汇聚。这一章，笔者就来重点介绍运营者需要把握的5类外部引流平台，让运营者更好地提升短视频的热度和抖音号的曝光量。

7.1 通过社交平台引流

许多热门社交平台中通常都聚集了大量用户。而对于运营者来说，这些社交平台就潜藏着大量的潜在粉丝，如果能够通过一定的方法将这些社交平台的流量引至抖音，便可以直接实现粉丝量的快速增长。

7.1.1 借助微信引流

微信平台引流主要是借助微信这个社交软件，将抖音账号的相关信息告知微信好友，从而实现引流。具体来说，微信引流可以从 3 个方面进行：一是微信聊天；二是微信公众号引流；三是微信朋友圈引流。

1．微信聊天引流

微信聊天是微信的一个重要板块，许多人甚至直接将其作为日常生活和工作中的一个主要沟通工具。运营者也可以充分利用微信聊天功能进行引流，将自己的微信好友和微信群成员转化成抖音号的粉丝。

在通过微信聊天进行引流时，运营者可以充分利用抖音短视频平台的"发送给朋友"和"收藏"等功能，将短视频内容发送给微信好友和微信群成员，从而扩大短视频内容的覆盖面。

2．微信公众号引流

微信公众号从某一方面来说就是个人和企业等主体进行信息发布，并通过运营来提升知名度和品牌形象的平台。运营者如果要选择一个用户基数大的平台来推广抖音短视频内容，并且希望通过长期的内容积累来构建自己的品牌，那么微信公众号无疑是一个理想的传播平台。

在微信公众号上，运营者可以通过文章和短视频对抖音号的相关信息进行介绍，从而将微信公众号的粉丝转化为抖音号的粉丝。

3．微信朋友圈引流

对于运营者来说，虽然朋友圈单次传播的范围较小，但是从对接收者的影响程度来看，它却具有其他一些平台无法比拟的优势，具体如下。

(1) 用户黏性强，很多人每天都会去翻阅朋友圈。

(2) 朋友圈好友间的关联性和互动性强，可信度高。

(3) 朋友圈用户多，覆盖面广，二次传播范围大。

(4) 朋友圈内转发和分享方便，易于短视频内容传播。

那么，运营者在朋友圈中进行抖音短视频推广时，应该注意哪些方面呢？在笔者看来，有3个方面是需要重点关注的，具体分析如下。

(1) 运营者在拍摄抖音短视频时要注意开始拍摄时画面的美观性。因为推送到朋友圈的视频是不能自主设置封面的，它显示的就是开始拍摄时的画面。当然，运营者也可以通过视频剪辑的方式保证推送视频"封面"的美观度。

(2) 运营者在推广短视频时要做好文字描述。因为在观看朋友圈中的短视频时，微信好友第一眼看到的就是短视频的"封面"和视频上方的文字描述，而短视频"封面"能够传递的信息又是比较有限的。因此，许多运营者都会通过文字描述将重要的信息呈现出来，如图7-1所示。这样的设置，一来有助于让受众了解短视频内容；二来如果设置得好，可以提高受众点击观看短视频的欲望。

(3) 在通过视频推广商品时，运营者要利用好朋友圈的评论功能。如果视频上方的文字描述过长，则是会被折叠起来的。因此，为了完整展示信息，运营者可以将重要信息放在评论里进行展示，如图7-2所示。这样可以让浏览朋友圈的人快速把握住该条朋友圈的重点信息。

7.1.2 借助 QQ 引流

腾讯QQ有两大引流利器：一是QQ群；二是QQ空间。接下来，笔者就来分别进行说明。

1. QQ 群引流

无论是微信群还是QQ群，如果没有设置"消息免打扰"的话，群内任何人发布信息，群内其他人都会收到提示信息。因此，与朋友圈和微信订阅号不同，通过微信群和 QQ 群推广抖音号，可以让推广信息直达受众，这样一来，受众关注抖音号和播放短视频的可能性也就更大了。

图 7-1

图 7-2

而且，微信群和 QQ 群内的用户都是基于一定目标和兴趣而聚集在一起的，因此如果运营者推广的是具有一定专业性的视频内容，那么微信群和 QQ 群无疑是非常好的推广平台。

另外，相对于微信群需要推荐才能加群而言，QQ 群明显更易于添加和推广。目前，QQ 群分出了许多热门分类，运营者可以通过查找同类群的方式加入进去，然后通过短视频进行推广。QQ 群推广的方法主要包括 QQ 群相册、QQ 群公告、QQ 群论坛、QQ 群共享、QQ 群动态和 QQ 群话题等。

以利用 QQ 群话题来推广抖音短视频为例，运营者可以通过相应人群感兴趣的话题来引导 QQ 群用户的注意力。例如，在摄影群里，运营者可以先提出一个摄影人士普遍感觉比较有难度的摄影场景，引导大家评论，然后适时分享一个能解决这一摄影问题的短视频。此时，感兴趣的用户一定不会错过你的短视频。

2．QQ 空间引流

QQ 空间是一个进行抖音引流的好地方，运营者需要先建立一个昵称与抖音账号相同的 QQ 号，这样有利于积攒人气，吸引更多用户前来关注抖音号和观看抖音号发布的短视频。下面，笔者就为大家介绍 7 种常见的 QQ 空间推广引流方法。

（1）QQ 空间视频推广：利用"小视频"功能在 QQ 空间发布抖音短视频，QQ 好友看到后可以点击查看。

（2）QQ 认证空间推广：订阅与产品相关的人气认证空间，更新动态时可以通过评论为抖音号引流。

（3）QQ 空间生日栏推广：通过"好友生日"栏提醒好友，引导用户查看你的动态信息，并在动态信息中对抖音号进行推广。

（4）QQ 空间日志推广：在日志中放入抖音号的相关资料，从而更好地吸引用户的关注。

（5）QQ 空间说说推广：将 QQ 签名同步更新至说说上，用一句有吸引力的话激起用户的关注。

（6）QQ 空间相册推广：很多人互加 QQ 后都会查看对方的相册，所以在相册中呈现抖音号的相关信息也是一个很好的引流方法。

（7）QQ 空间分享推广：利用分享功能在 QQ 空间中分享抖音号的相关信息，用户点击标题即可查看短视频内容。

7.1.3 借助微博引流

在微博平台上，运营者可以借助微博的两大功能来进行抖音引流推广，即 @ 功能和热门话题功能。

在借助微博进行引流推广的过程中，@ 功能非常重要。运营者可以在博文里 @ 知名人士、媒体或企业，如果他们回复了你的内容，你就能借助他们的粉丝扩大自身的影响力。若明星在博文下方评论，则博文会受到很多粉丝和微博用户的关注，那么抖音短视频就会被推广出去。

而微博"热门话题"则是一个制造热点信息的地方，也是聚集网民数量比较多的地方。运营者可以利用这些话题，发表自己的看法和感想，提高博文的阅读量，从而更好地推广自己的抖音号和短视频。

7.1.4 借助小红书引流

小红书是一个热门的社交型电商平台，运营者可以通过图文、视频和直播 3 种形式来发布内容。运营者如果想在小红书上推广自己的抖音账号，那么就需要借助小红书的社交性质和视频功能。具体来说，运营者可以通过发布与抖音账号相关的视频来进行引流。

Step 01 打开并登录小红书 App，点击底部的 + 按钮，如图 7-3 所示。
Step 02 进入"发布"界面，点击界面中的"进入相册"按钮，如图 7-4 所示。

图 7-3　　图 7-4

Step 03 进入"全部"界面，❶选择需要上传的视频；❷点击下方的"下一步"按钮，如图 7-5 所示。
Step 04 进入视频编辑界面，在该界面中查看视频内容，确认无误后点击"下一步"按钮，如图 7-6 所示。

第 7 章 站外引流：借助短视频营销聚集流量

图 7-5

图 7-6

Step 05 进入发布界面，❶在该界面中填写笔记的标题，如抖音账号的名称；❷点击"发布笔记"按钮，如图 7-7 所示。

Step 06 执行操作后，即可发布视频笔记，如果界面中以图片的形式显示刚刚发布的视频笔记，就说明视频发布成功了，效果如图 7-8 所示。

图 7-7

图 7-8

097

7.2 通过资讯平台引流

除了社交平台，一些资讯平台也是运营者挖掘潜在粉丝的重要渠道。那么，如何从资讯平台引流到抖音呢？本节，笔者就以今日头条和百度两个平台为例进行说明。

7.2.1 借助今日头条引流

今日头条是一款基于用户数据行为的推荐引擎产品，同时是短视频内容发布和变现的一个大好平台。运营者可以通过在今日头条平台上发布抖音短视频的方式达到引流的目的，下面介绍具体的操作方法。

Step 01 打开并登录今日头条 App，在首页点击右上角的"发布"按钮，如图 7-9 所示。

Step 02 执行操作后，进入"手机相册"界面，❶选择需要发布的视频（可以是直接宣传抖音号的视频）；❷点击"下一步"按钮，如图 7-10 所示。

图 7-9　　　　图 7-10

第 7 章 站外引流：借助短视频营销聚集流量

Step 03 执行操作后，进入编辑信息界面，❶输入视频文案；❷点击"发布"按钮，如图 7-11 所示。

Step 04 执行操作后，即可发布视频，同时在首页中会显示发布进度。由于今日头条 App 会对发布的内容进行审核，因此视频发布完成后，运营者可以在"我的"界面中查看视频审核进度，如图 7-12 所示。

图 7-11　　　　　图 7-12

除了发布抖音视频引流，拥有头条号的运营者还可以借助绑定今日头条实现粉丝的快速增长，并获得更多的流量。下面介绍抖音绑定今日头条的具体操作方法。

Step 01 打开并登录抖音 App，❶在"我"界面的右上角点击 ≡ 按钮；❷在弹出的列表中选择"设置"选项，如图 7-13 所示。

Step 02 进入"设置"界面，选择"账号与安全"选项，如图 7-14 所示。

Step 03 进入"账号与安全"界面，选择界面中的"第三方账号绑定"选项，如图 7-15 所示。

Step 04 进入"第三方账号绑定"界面，点击"今日头条/西瓜视频"选项右侧的"未绑定"按钮，如图 7-16 所示。

抖音电商：巨量千川运营、广告投放、短视频引流、直播带货一本通

图 7-13

图 7-14

图 7-15

图 7-16

Step 05 进入"登录后内容更精彩"界面，❶输入今日头条账号绑定的手机号；❷选中"已阅读并同意'用户协议'和'隐私政策'"复选框；

❸点击"获取验证码"按钮，如图 7-17 所示。

Step 06 执行操作后，进入"输入验证码"界面，❶输入收到的验证码；❷点击"下一步"按钮，如图 7-18 所示。

图 7-17　　　　　　　图 7-18

Step 07 执行操作后，进入授权登录界面，点击"授权并登录"按钮，如图 7-19 所示。

Step 08 执行操作后，即可完成抖音账号和今日头条账号的绑定，在"第三方账号绑定"界面中会弹出信息同步面板，申请将抖音账号的粉丝数量、头像和昵称等信息同步至今日头条 App 和西瓜视频 App 中，点击"同意"按钮，如图 7-20 所示。

Step 09 执行操作后，相关的同步按钮将显示为开启状态，如图 7-21 所示。

7.2.2　借助百度引流

作为中国网民经常使用的搜索引擎之一，百度毫无悬念地成为互联网 PC 端强劲的流量入口。具体来说，运营者借助百度推广引流主

要可以从百度百科和百度知道两个平台切入。

图 7-19　　　　　　　图 7-20　　　　　　　图 7-21

1．百度百科

百科词条是百度百科营销的主要载体，做好百科词条的编辑对运营者来说至关重要。百科平台的词条信息有多种分类，但对于运营者来说，在进行引流推广时需要用到的词条形式包括 4 种，具体如下。

（1）行业百科。运营者可以以行业领头人的姿态，参与到行业词条信息的编辑中，并在词条中加入抖音号的相关信息，让想要详细了解行业信息的用户关注你的抖音号。

（2）企业百科。运营者所在企业的品牌形象可以通过百科进行展示，并在百科中展示抖音企业号。

（3）特色百科。特色百科涉及的领域十分广阔，例如，有一定知名度的运营者可以将自己的名字作为词条，并将自己运营抖音的相关信息展示出来。

（4）产品百科。产品百科是用户了解产品信息的重要渠道，能够起到宣传产品，甚至是促进产品使用和产生消费行为等作用。运营者可以通过展示抖音号的方式，为用户了解和购买产品提供渠道。

对于抖音号引流，特别是抖音企业号引流而言，相对比较合适的词条形式无疑便是企业百科。例如，运营者采用企业百科的形式多次展示抖音企业号名称，从而提高该抖音企业号的曝光率。

2．百度知道

百度知道在网络营销方面具有很好的信息传播和推广作用。运营者可以利用百度知道平台，通过问答的社交形式快速、精准地定位客户。百度知道在营销推广上具有两大优势：精准度和可信度高。这两种优势能形成口碑效应，增强网络营销推广的效果。

通过百度知道来询问或作答的用户，通常对问题涉及的内容有很大兴趣。例如，有的用户想要了解"有哪些饮料比较好喝"，部分饮料爱好者可能就会推荐自己喜欢的饮料，提问方通常也会接受推荐并购买对应的饮料。

百度知道是网络营销的重要方式，因为它的推广效果相对较好，能为企业带来直接的流量。基于百度知道而产生的问答营销是一种新型的互联网互动营销方式，问答营销既能为运营者植入软性广告，也能通过问答来挖掘潜在用户。

例如，运营者可以通过"自问自答"（一个账号提问，另一个账号回答问题）的方式介绍抖音号的相关信息，让用户在看到问答之后对你的抖音号产生兴趣，从而让抖音号获得更多的流量。

7.3 通过视频平台引流

同样是以视频为主的平台，许多视频平台与抖音之间有着一些共通之处。这也为运营者从视频平台引流到抖音提供了一些便利。本节，笔者就为大家介绍借助视频平台为抖音引流的方法。

7.3.1 借助快手引流

快手可以说是短视频领域的先行者,而且在抖音还没有发展起来之前,它可以算是短视频领域的一大霸主。即便是如今有了抖音的竞争,快手仍获得了大量忠实粉丝的支持。这样一个拥有巨大流量的平台,显然是运营者引流的一大阵地。

其实,要将快手引流到短视频账号中也很简单。运营者可以在快手中发布与抖音号相关的视频,吸引快手用户查看你的抖音号和短视频。具体来说,运营者可以通过如下步骤在快手上发布抖音引流短视频。

Step 01 打开并登录快手 App,点击界面底部的 ⊕ 按钮,如图 7-22 所示。
Step 02 进入"随手拍"界面,点击界面中的"相册"按钮,如图 7-23 所示。

图 7-22   图 7-23

Step 03 进入"最近项目"界面,❶选择需要上传的视频;❷点击"下一步"按钮,如图 7-24 所示。
Step 04 进入视频编辑界面,点击"下一步"按钮,如图 7-25 所示。

第 7 章 站外引流：借助短视频营销聚集流量

图 7-24 　　　　　　　图 7-25

Step 05 进入视频发布界面，❶填写视频的标题；❷点击"发布"按钮，如图 7-26 所示。

Step 06 执行操作后，即可发布视频，并显示视频的上传进度，如图 7-27 所示。

图 7-26 　　　　　　　图 7-27

105

7.3.2 借助爱奇艺引流

爱奇艺创立于 2010 年,是一个以"悦享品质"为理念的视频网站。在短视频发展如火如荼之际,爱奇艺也推出了信息流短视频产品和短视频业务,加入了短视频发展领域。

一方面,在爱奇艺 App 的众多频道中,有些频道就是以短视频为主导的,如大家喜欢的资讯、热点和搞笑等频道。另一方面,它专门推出了爱奇艺纳逗 App,这是一款基于个性化推荐、以打造有趣和好玩资讯为主的短视频应用。

当然,短视频在社交属性、娱乐属性和资讯属性等方面各有优势,而爱奇艺也选择了它的发展方向——娱乐性。无论是爱奇艺 App 的搞笑、热点频道,还是爱奇艺纳逗 App 中推荐的以好玩、有趣为主格调的短视频内容,都能充分地体现出其娱乐性。

而对于运营者来说,正是因为爱奇艺在某些频道上的短视频业务偏向和专门的短视频 App 开发,让他们找到了推广抖音短视频和账号的渠道。同时,爱奇艺有着巨大的用户群体和关注度,因而在该平台上对抖音号进行宣传和推广,通常可以获得不错的效果。

图 7-28 所示为某抖音号运营者发布的一条宣传视频。可以看到,该视频的标题中展示了运营者的抖音号名称,并且为用户提供了一个关注抖音号的理由——抖音账号的更新速度更快,用户可以看到更多视频。这样一来,如果用户被这个理由打动,就会主动前往抖音去关注该账号,而这无疑便可为该账号带来一定的流量。

7.3.3 借助西瓜视频引流

随着对创作者扶持力度的加大,西瓜视频平台吸引了越来越多运营者的入驻,而许多用户也将西瓜视频作为观看视频内容的重要选择之一。那么,如何借助西瓜视频为抖音进行引流呢?

具体来说,运营者可以通过如下步骤发布宣传视频,吸引西瓜视频用户进入抖音平台查看你的账号和视频。

图 7-28

Step 01 打开并登录西瓜视频 App，点击界面底部的"发视频"按钮，如图 7-29 所示。

Step 02 进入"我的相册"界面，❶选择要发布的视频；❷点击"去发布"按钮，如图 7-30 所示。

图 7-29　　　　图 7-30

抖音电商：巨量千川运营、广告投放、短视频引流、直播带货一本通

> **特别提醒** 在"我的相册"界面中，运营者选择好视频后，也可以点击"去剪辑"按钮，进入视频剪辑界面，对视频进行编辑处理后再进行发布。

Step 03 进入"发布视频"界面，❶输入视频标题；❷点击"发布"按钮，如图 7-31 所示。

Step 04 执行操作后，返回首页，并开始上传视频，如图 7-32 所示。

图 7-31　　　　　图 7-32

Step 05 上传完成后，在"我的"界面的"我的创作"选项区中点击"内容管理"按钮，如图 7-33 所示。

Step 06 执行操作后，进入"内容管理"界面，查看成功发布的宣传视频，如图 7-34 所示。

7.3.4　借助微信视频号引流

视频号是近年来微信重点扶持的板块之一，因为背靠微信，所以视频号拥有庞大的用户群。因此，对于运营者来说，视频号无疑也是

第 7 章 站外引流：借助短视频营销聚集流量

一个重要的引流平台。运营者只需在视频号上发布抖音账号推广营销信息，让视频号用户对你的抖音号产生兴趣，并主动前去关注，就可以达到为抖音号引流的目的。具体来说，运营者可以通过如下步骤在视频号中为抖音号引流。

图 7-33　　　　　　　　　图 7-34

Step 01 打开并登录微信 App，进入"发现"界面，选择界面中的"视频号"选项，如图 7-35 所示。

Step 02 进入微信视频号的"推荐"界面，点击界面右上角的 按钮，如图 7-36 所示。

Step 03 进入微信视频号的账号信息管理界面，点击"发表视频"按钮，如图 7-37 所示。

Step 04 在弹出的提示框中选择发布视频的方式，这里笔者以"从相册选择"为例进行说明，如图 7-38 所示。

Step 05 进入"图片和视频"界面，❶选择需要发布的抖音号宣传内容；❷点击"下一步"按钮，如图 7-39 所示。

109

Step 06 进入视频内容预览界面,查看内容。确定内容无误后,点击"完成"按钮,如图 7-40 所示。

图 7-35 　　　　　　　图 7-36

图 7-37 　　　　　　　图 7-38

第 7 章 站外引流：借助短视频营销聚集流量

图 7-39　　　　　　　　图 7-40

Step 07 进入视频发布界面，❶输入视频标题；❷点击"发表"按钮，如图 7-41 所示。

Step 08 操作完成后，如果视频内容出现在"关注"界面中，就说明抖音账号宣传视频发布成功了，如图 7-42 所示。

图 7-41　　　　　　　　图 7-42

111

另外，运营者还可以自行对该视频点赞，或者将视频推荐给微信好友，从而增强视频的传播效果，让抖音号获得更多的流量。

7.3.5 借助 B 站引流

B 站（全称为哔哩哔哩或 bilibili）作为年轻一代高度聚集的视频网站，拥有 9200 多万日均活跃用户，是运营者不可错过的流量聚集地。具体来说，运营者可以通过以下步骤在 B 站中为抖音号引流。

Step 01 打开并登录哔哩哔哩 App，在"我的"界面中点击"发布"按钮，如图 7-43 所示。

Step 02 执行操作后，进入相应界面，点击"上传视频"按钮，如图 7-44 所示。

图 7-43　　　　　　图 7-44

第 7 章 站外引流：借助短视频营销聚集流量

> **特别提醒** 运营者可以选择发布状态信息、上传手机相册中的视频、撰写专栏文章、现场拍摄视频和开直播 5 种方法进行引流。

Step 03 进入"最近项目"界面，❶选择要发布的宣传图片；❷点击"去编辑"按钮，如图 7-45 所示。

Step 04 进入视频编辑界面，预览自动生成的视频效果，确认无误后，点击"下一步"按钮，如图 7-46 所示。

图 7-45　　　　　　图 7-46

Step 05 进入"发布视频"界面，❶设置好视频的标题、分区、标签和"稿件类型"；❷点击"发布"按钮，如图 7-47 所示。

Step 06 执行操作后，即可完成视频的投稿，如图 7-48 所示。

图 7-47　　　　　　　　图 7-48

7.4　通过音频平台引流

音频内容的传播适用范围更为多样，跑步、开车甚至工作等多种场景，都能在悠闲时收听音频节目。另外，相比视频来说，音频更能满足人们的碎片化需求。对于运营者来说，利用音频平台来宣传抖音号是一条很好的营销思路。

音频营销是一种新兴的营销方式，它主要以音频为内容的传播载体，通过音频节目运营品牌、推广产品。随着移动互联网的发展，以音频节目为主的网络电台迎来了新机遇，与之对应的音频营销也进一步发展。音频营销的特点具体如下。

（1）闭屏特点。闭屏的特点能让信息更有效地传递给用户，这对品牌、产品推广营销而言更有价值。

（2）伴随特点。相比视频、文字等载体而言，音频具有独特的伴随属性，它不需要视觉上的精力，只需双耳在闲暇时收听即可。

也正是因为如此，音频平台始终都有一定的受众。而对于运营者来说，如果将这些受众好好利用起来，从音频平台引流抖音，便能实现抖音粉丝的快速增长。

7.4.1 借助酷狗音乐引流

酷狗音乐是国内比较具有影响力的音乐平台之一，许多人会将酷狗音乐 App 作为手机中必备的 App 之一。酷狗音乐和抖音看似属于不同的公司，却拥有一定的联系。例如，酷狗音乐 App 在"乐库"界面的"排行榜"选项卡中设置了"抖音热歌榜"，用户只需要点击进去，便可以看到许多抖音的热门歌曲，如图 7-49 所示。

图 7-49

因此，对于一些创作型歌手来说，如果在抖音上发布自己的原创作品，并且在抖音上流传度比较高，作品就有可能进入"抖音热歌榜"。酷狗音乐的用户在听到"抖音热歌榜"中的作品之后，如果觉得很不错，就有可能去关注创作者的抖音号，这便能为创作者带来不错的流量。

而对于大多数普通运营者来说，虽然自身可能没有独立创作音乐的能力，但也可以将进入"抖音热歌榜"的歌曲作为抖音短视频的背景音乐。因为有的酷狗音乐用户在听到进入"抖音热歌榜"的歌曲之后，可能会去抖音上搜索相关的内容，此时你的短视频就有可能进入这些酷狗音乐用户的视野。而这样一来，你便可以借助背景音乐获得一定的流量。

7.4.2 借助蜻蜓 FM 引流

"蜻蜓 FM"是一款强大的广播收听应用，用户可以通过它收听国内、海外等地区数千个广播电台。"蜻蜓 FM"具有如下一些突出的功能特点，如图 7-50 所示。

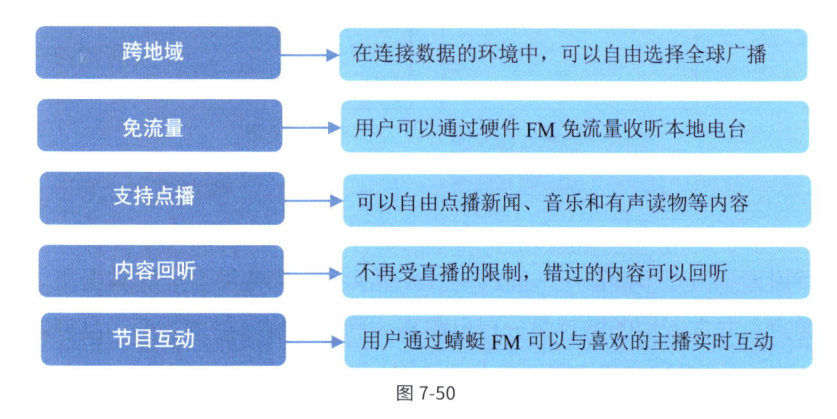

跨地域	在连接数据的环境中，可以自由选择全球广播
免流量	用户可以通过硬件 FM 免流量收听本地电台
支持点播	可以自由点播新闻、音乐和有声读物等内容
内容回听	不再受直播的限制，错过的内容可以回听
节目互动	用户通过蜻蜓 FM 可以与喜欢的主播实时互动

图 7-50

在"蜻蜓 FM"平台上，用户可以直接通过搜索栏寻找自己喜欢的音频节目。对此，运营者只需根据自身内容，选择热门关键词作为标题便可将内容传播给目标用户，并在音频的开头对自己的抖音号进行简单介绍。

图 7-51 所示为在"蜻蜓 FM"平台中搜索"抖音运营"的结果页面。运营者如果在音频中介绍了自己的账号，而音频内容又比较有价值，用户就可能会关注你的抖音号。

因此，运营者应该充分利用用户碎片化需求，通过音频平台发布产品信息广告，音频广告的投放较为精准，而且广告的运营成本也比较低廉，十分适合本地中小型企业长期推广。

图 7-51

例如，做餐饮的运营者可以与"美食"相关的音频节目组合作。因为这些节目通常有大批关注美食的用户收听，广告的精准度和效果会非常好。

7.5 通过线下平台引流

除了线上的各大平台，线下平台也是抖音引流不可忽略的渠道。目前，从线下平台引流到抖音主要有 3 种方式，本节笔者将分别进行解读。

7.5.1 借助线下拍摄引流

对于拥有实体店的运营者来说，线下拍摄抖音短视频是一种比较简单有效的引流方式。通常来说，线下拍摄可分为两种：一种是运营者及相关人员自行进行拍摄；另一种是邀请进店的消费者（包括探店达人）进行拍摄。

运营者和相关人员自行拍摄短视频时，能够引发路过的人员的好奇心，为店铺引流。短视频上传之后，如果用户对你的内容比较感兴趣，也会选择关注你的账号。

而邀请进店的消费者拍摄，则可以直接增加店铺的宣传渠道。让更多用户看到你的店铺及相关信息，从而达到为店铺和账号引流的目的。

7.5.2　借助线下转发引流

可能单纯邀请消费者拍摄短视频的效果不是很明显，此时运营者还可以采取另一种策略，那就是在线下的实体店举行转发有优惠的活动，让消费者将拍摄好的短视频转发至微信、QQ等社交平台，提高店铺和账号的知名度。

当然，为了提高消费者的转发积极性，运营者可以根据消费者发布的内容的转发量，以及转发后的点赞数给出不同的优惠力度。这样，消费者为了获得更大的优惠力度，自然会更卖力地转发宣传，而转发的实际效果也会更好。

7.5.3　借助线下扫码引流

除了线下拍摄和线下转发，还有一种直接增加账号粉丝量的方法，那就是通过线下扫码，让进店的消费者或者路人成为你的粉丝。

当然，在扫码之前，还需要运营者提供相关的二维码。运营者可以进入抖音App中的"我"界面，❶点击右上角的■按钮；❷在弹出的列表框中选择"我的二维码"选项，如图7-52所示。执行操作后，进入账号二维码的相关界面，运营者只需要点击界面中的"保存"按钮，如图7-53所示，便可下载抖音号的二维码。

第 7 章 站外引流：借助短视频营销聚集流量

图 7-52　　　　　　　图 7-53

　　抖音号二维码下载完成之后，运营者可以将其打印出来，通过发传单或者将抖音号二维码放置在店铺显眼位置的方式，让进店的消费者扫码加好友，并关注你的抖音号。

119

Chapter 08

第8章
主播培养：素人也能打造成带货达人

没有谁天生就是优秀的主播，但是我们却可以通过各种方法培养主播，提高主播的专业能力。本章就为大家讲解培养主播的相关技巧，只要熟练并掌握这些技巧，新手也能成为直播带货达人。

8.1 培养主播素养

运营者如果想培养一名优秀的主播，或者自己成为主播，就必须培养好 3 个方面的素养，即专业能力、语言能力和心理素质。本节，笔者就分别讲解这 3 个方面素养的培养方法。

8.1.1 提升专业能力

要想成为一名具有超高人气的主播，就要具备专业能力。在竞争日益激烈的直播行业，主播只有培养好以下几种专业能力，才能在抖音直播这片肥沃的土壤上扎根。

1. 个人才艺

主播应该具备各种各样的才艺，让用户眼花缭乱，为之倾倒。才艺的范围十分广泛，包括唱歌、跳舞、乐器表演、书法、绘画和游戏竞技等。

只要你的才艺让用户觉得耳目一新，能够引起他们的兴趣，让他们为你的才艺一掷千金，那么你的才艺就是成功的。

在抖音直播平台上有不计其数的主播，其中大多数主播都拥有自己独有的才艺。才艺好的主播，其人气自然就高。图 8-1 所示为主播表演绘画才艺的示例。

2. 言之有物

一个主播想要得到用户的认可和追随，那么他一定要有清晰且明确的三观，这样说出来的话才会让用户信服。如果主播的观点既没有内涵，又没有深度，那么主播是不会获得用户长久的支持的。

那么，应该如何做到言之有物呢？首先，主播应树立正确的价值观，始终保持自己的本心，不空谈；其次，还要掌握相应的语言技巧，主播在直播时必须具备的语言要素包括亲切的问候语、通俗易懂和符合潮流；最后，主播要有自己专属的观点。只有将这三者相结合，主播才能达到言之有物的境界，从而获得专业能力的提升。

图 8-1

3．精专一行

俗话说，"三百六十行，行行出状元"。主播要想成为直播界的"状元"，就要拥有一门擅长的技能。一个主播的主打特色就是由他的特长支撑起来的。

例如，有的主播乐器弹奏水平很高，于是他专门展示自己的弹奏技能；有的主播某款游戏玩得好，于是他直接在直播中展示玩该游戏的操作；有的主播天生有一副好嗓子，于是他在直播中分享自己的歌声。

主播如果精通一门专业技能，行为谈吐接地气，那么就会更容易获得大量的粉丝和人气。当然，主播还要在直播之前做足功课，只有准备充分，才能将直播有条不紊地进行下去，让直播获得良好的反响。

4．聚焦痛点

在主播培养专业能力的道路上，有一点极为重要，即聚焦用户的痛点。主播要学会在直播的过程中寻找用户最关心的问题和感兴趣的点，从而更有针对性地为用户带来有价值的内容。

挖掘用户的痛点是一个长期的工作，主播在寻找痛点的过程中，必须要注意以下3个事项。

（1）对自身能力和特点有充分了解，明确认识到自己的优缺点。

（2）对其他主播的能力和特点有所了解，对比他人，取长补短。

（3）充分解读用户的心理，然后创作对应的内容来满足用户的需求。

主播在创作内容的时候，要抓住用户的主要痛点，以这些痛点为标题，吸引用户的关注，并在直播中弥补用户在社会生活中的各种心理落差。用户的痛点主要包括安全感、价值感、自我满足感、亲情爱情、支配感、归属感和不朽感等。

8.1.2 增强语言能力

一个优秀的主播没有良好的语言组织能力就如同一名优秀的击剑运动员没有剑，这是万万行不通的。想要拥有过人的语言能力，让用户舍不得错过直播的一分一秒，就必须从多个方面来培养该技能。本小节将告诉大家如何用语言赢得用户的追随和支持。

1. 亲切沟通

在直播的过程中，与用户的互动是不可或缺的，但是在聊天的过程中也不能口无遮拦。主播要学会三思而后言，切记不要太过鲁莽、心直口快，以免对用户造成伤害或者引起用户的不悦。

此外，主播还应避免说一些不利于用户形象的话语，在直播中应学会与用户保持一定的距离，玩笑不能开大了，但又要让用户觉得你平易近人、接地气。因此，主播可以从以下几个方面进行思考。

（1）什么内容该说，什么内容不该说？

（2）事先要做好哪些准备？

（3）如何与用户进行亲切沟通？

2. 懂得倾听

懂得倾听是一个美好的品质，也是主播必须具备的素质。和用户聊天谈心，除了会沟通，还要懂得用心聆听。

例如，一名主播的用户评论说他近期的直播有些无聊，缺乏有趣的内容。于是，该主播认真倾听了用户的意见，精心策划了一场搞笑视频直播，赢得了几十万的点击量，获得了无数用户的好评。

虽然直播表面上来看是主播占主导，但实际上却是用户占据主导地位。用户愿意看直播的原因就在于能与自己感兴趣的人进行互动，主播要了解用户关心什么、想要讨论什么话题，就一定要认真倾听用户的心声和反馈。

3．理性对待

在直播中主播可能会遇到个别负能量爆棚又喜欢怨天尤人的用户，这类用户往往会在直播间发表不和谐的评论，影响直播间的氛围和主播工作的开展，如果主播对其进行劝导，更有甚者还会强词夺理地说自己的权利遭到了侵犯。

面对这种情况，脾气暴躁的主播可能会按捺不住心中一时的不满与怒火，将矛头指向用户，并给予其不恰当的人身攻击，这种行为是非常不可取的。

作为一名心思细腻、七窍玲珑的主播，应该懂得理性对待用户的消极行为和言论。那么，要如何理性对待用户的消极行为和言论呢？主播可以重点做好以下3点。

（1）善意的提醒。

（2）明确点出不对之处。

（3）对事不对人。

一名成功的主播一定有他的过人之处。对用户的宽容大度和正确引导是培养主播语言能力过程中要把握的重点。当然，正确的价值观也会为主播的语言内容增添不少的光彩。

4．选择时机

良好的语言能力需要主播挑对说话的时机。每一个主播在表达自己的见解之前，都必须把握好用户的心理状态。如果主播丝毫不顾及用户的想法，不会把握说话的时机，那么只会事倍功半，甚至做无用功。但只要选择好了时机，那么让用户接受你的意见也会变得很容易。

例如，主播在讲解某商品时，可以先介绍它的优势及原价，然后告诉用户本场直播会有优惠，最后告知用户直播价并要求运营直接改价。这样用户会比较期待该商品的优惠力度，如果商品的优惠力度比较大，用户会更愿意下单购买。

另外，主播也可以直接在直播间的界面上写明商品的优惠力度，让进入直播间的用户一眼就能看到。而且，主播最好将商品的市场价和直播价都写出来，并强调两者中间的差价，通过直观的数字对比来促使用户下单。

图 8-2 所示为两个通过优惠和时机吸引用户下单的直播间。可以看到，两个直播间都写明了商品的市场价和直播价，并且添加了"抖音 38 好物节"的背景元素，主播也强调这次的优惠是因为节日活动，嘱咐用户机不可失。

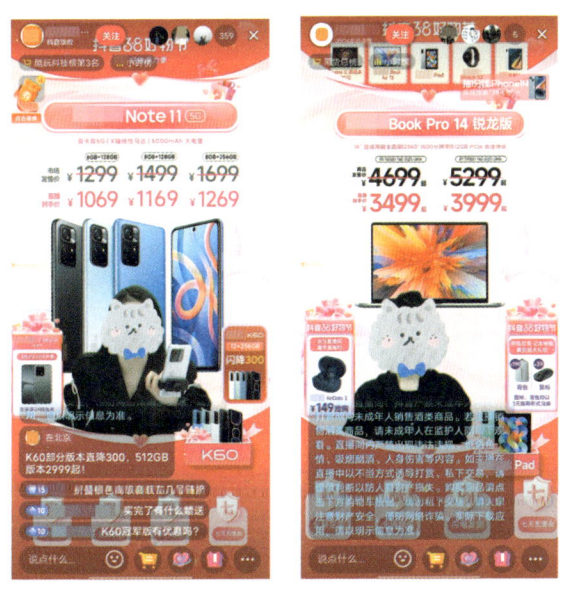

图 8-2

于是，在肉眼可见的优惠力度和机不可失的促销活动的双重吸引下，许多用户下单购买了正在做活动的商品。

5．谦和友好

主播和用户交流沟通时要谦和、友好。聊天不是辩论比赛，没必要分出胜负，更没有必要因为某句话或某个字眼而争论不休。

如果一个主播想借纠正用户的错误，或者发现用户话语中的漏洞这种低端的行为来证明自己的学识渊博、能言善辩，那么这个主播无疑是失败的。因为他忽略了重要的一点，那就是直播间是主播与用户聊天谈心的地方，不是辩论赛场，也不是相互攻击的场所。主播在与用户沟通时的 3 个诀窍具体如下。

（1）理性思考问题。

（2）灵活面对窘境。

（3）巧妙指点错误。

语言能力的优秀与否，与主播的个人素质高低也是分不开的。因此，在直播中，主播不仅要着力于提升自身的语言能力，也要全方面认识自身的缺点与不足，从而更好地为用户提供服务，成长为高人气的专业主播。

8.1.3　保持良好心态

直播和传统的节目录制不同，节目要达到让观众满意的效果，可以通过后期剪辑来表现笑点和重点，但直播不可以这样操作。因此，一个主播要具备良好的现场应变能力和丰厚的专业知识。

一个能够吸引众多用户的主播和直播，仅仅靠颜值、才艺和口才是不够的。直播是一场无法重来的真人秀，就跟生活一样，没有彩排。在直播的过程中，随时都有可能发生意外，主播一定要具备良好的心理素质，才能从容应对种种情况。

1. 信号中断

信号中断情况通常在借助手机做户外直播时发生。信号不稳定是十分常见的事情,有的时候主播甚至还会面临长时间没有信号的情况。如果直播过程中主播只能看到评论区的变化,而直播画面却一直显示"加载中",就说明主播的信号不太稳定,或者主播的信号已经中断了。

面对这样的情况,主播应该平稳心态,先试试变换地点后是否会连接到信号,如果暂时无法成功连接,就耐心等待。因为有的忠实用户会一直等候直播开播,所以主播要做好向用户道歉的准备,再利用一些新鲜的内容活跃气氛,再次吸引用户的关注。

2. 突发事件

各种各样的突发事件在直播现场是不可避免的。当发生意外情况时,主播一定要稳住心态,让自己冷静下来,打好圆场,给自己找一个台阶下。

在直播过程中,主播也要学会把节目流程控制在自己手中,特别是面对各种突发事件时,更要冷静对待。主播应该不断修炼自己,多多积累处理突发事件的经验,做到面对各种突发事件都能完美控场。

8.2 做好互动交流

要成为一名优秀的主播,就需要学会随机应变。在这种互动性很强的社交方式中,主播会遇到各种各样的用户,这些活跃跳脱的用户提出的问题也是千奇百怪。

有的主播回答不出用户问题,就会插科打诨地蒙混过关。这种情况发生一次或两次时用户还能接受,但次数多了,用户就会怀疑主播是不是不重视自己,或者主播到底有没有专业能力。因此,学会如何应对提问,并做好与用户之间的互动交流是主播成长的重中之重。

8.2.1 避免直播冷场

主播要想掌控全场、避免冷场，不仅需要随时把握好直播的节奏，还需要激发用户的表达欲，改善与用户的关系。

1. 把握直播节奏

一场直播的时间通常会比较长，主播可能很难让直播间一直处于"高潮"状态；但是如果直播一直冷场，就会留不住用户。因此，在直播的过程中，主播要把握好直播的节奏，让直播松弛有度。只有这样，才能增加用户的停留时间，让更多用户购买你的商品。

一个优质的主播一定会给大家放松的时刻。那么，如何在带货直播中营造轻松的时刻呢？例如，主播可以在讲解商品的间隙，通过给用户唱歌或发起话题讨论等方法，为用户营造出一种宾至如归的感觉。

2. 激发用户表达欲

很多主播都把用户当成一个倾听者，一味地在短视频中进行倾诉、推荐各种商品。这些主播仅仅是把自己的观点传递给用户，而没有给用户表达的机会。每一个人都有自己的想法，主播要想引导用户下单，就要刺激用户的表达欲，并倾听用户的想法。那么，如何激发用户的表达欲望呢？

1）通过提问激发

主播可以通过提问的方式，促使用户参与直播，增加用户的表达欲。这不仅可以增加与用户之间的互动，还可以让直播间的气氛快速活跃起来。

例如，抖音平台上有一个售卖手工编织商品的主播，在抖音直播的过程中经常会问用户"这里大家有没有看懂？看懂的扣1！""这里看懂了吗？看懂的扣1！""大家都学会了吗？学会的扣1！"等，听到主播的这些问题之后，许多用户都会通过评论积极地进行回复。

2）通过行为激发

有时主播即便不说话，也能通过自己的行为激发用户的表达欲。需要注意的是，主播如果要通过行为激发用户的表达欲，那么主播的行为一定要能够吸引用户目光，否则，用户可能会因为主播不说话，对直播内容不感兴趣而离开直播间。

在某场剪羊毛的直播中，虽然主播很长一段时间都没有说话，但是直播间中的评论却非常多。这主要是因为该主播剪羊毛的这个行为是许多用户从前没有见过的，所以用户就会觉得很新奇，也会通过评论将心中的想法表达出来。

3．改善与用户的关系

石油大王洛克菲勒曾表示："如果人际沟通能力也是如糖或者咖啡一样的商品，我愿意付出比太阳底下任何东西都珍贵的价格来购买这种能力。"由此可以看出人际沟通能力的重要性。而对于主播来说，通过沟通改善与用户的关系也是提高带货效率的一个关键。那么，主播如何改善与用户的关系呢？

1）关注用户的需求

无论是在直播中销售何种商品，主播都应该了解用户的需求，只有不断满足用户的需求，才能提高用户的下单欲望，并提高商品的销量。

图 8-3 所示为主播根据用户需求来介绍商品的直播间案例。可以看到，有一位用户一开始提出了"皇冠看一下""帽檐"的需求，主播便找到有皇冠印花的帽檐盆进行讲解，并询问用户想要看什么颜色；等用户说出"灰色和天蓝"的颜色需求后，主播将这两个颜色的花盆特意拿出来，以便用户近距离观看商品细节。

由于主播对用户需求的关注和重视，最后不仅提出需求的用户下单了花盆，而且直播间的其他用户也被主播的介绍引起了兴趣而选择了下单。

2）倾听用户的意见

不论是直播带货，还是直播打游戏、直播聊天或直播唱歌，倾听用户的意见都是必不可少的一环。只有倾听用户的意见，让用户参与进来，才能了解用户的需求，有针对性地给用户推荐商品。

图 8-3

那么，如何让用户参与直播呢？其中一种方法就是增加互动环节，为用户的表达提供更多契机。对此，主播可以站在用户的角度思考，多为用户提供一些可以讨论的话题，通过倾听用户的意见来了解用户的需求。

例如，在某场直播中，用户希望主播戴上某款首饰商品看一看效果。而主播看到用户的评论之后，便将该款商品戴在手上，并进行了效果展示。这显然便是在倾听用户意见的基础上进行商品的展示。

3）安抚用户的情绪

主播在直播过程中不仅要学会调动用户的情绪，还要学会安抚用户的情绪。当用户没有抢到优惠券，或者没有抢到直播间的红包时，用户可能会因愤怒、失落而将矛头指向主播，主播应该怎么安抚用户的失落情绪呢？

安抚用户的正确方法应该是，对用户说"活动结束了！欢迎宝宝下次再来，下次的优惠力度更大哦！"，这样用户就会感觉除自己之外，还有很多人也没有抢到优惠，并会持续关注主播，耐心等待下一次的福利发放。

例如，在直播中如果主播发放了红包，界面中便会显示发红包的倒计时。此时，主播可以提醒用户关注发红包的时间，如果用户没有抢到红包，主播则可以安抚用户，让用户下次抓紧时间。

8.2.2 正确评价热点事件

在与用户交流互动的过程中还会遇到另一种情况，那就是回答热点评议的相关问题。不管是用户还是主播，都会对热点问题有一种特别的关注。很多主播也会借助热点事件来吸引用户观看。这种时候，用户往往想知道主播对这些热点问题的看法。

有些主播为了吸引眼球、进行炒作，就故意做出违反三观的回答。这种行为是极其错误且不可取的，虽然主播的名气会因此在短时间内迅速上升，但其带来的影响是负面的、不健康的，用户会马上流失，更糟糕的是，想要吸引新的用户加入也会变得十分困难。那么，主播应该如何正确评价热点事件呢？

（1）客观中立。

（2）不违反三观。

（3）不偏袒任何一方。

主播切记不能因为想要快速吸粉就随意评价热点事件，因为主播的影响力远远比普通人要大得多，言论稍有偏颇，就会出现引导舆论的情况。如果事实结果与主播的言论不符，就会对主播产生很大的负面影响。这种做法是得不偿失的。

客观公正的评价虽然不会马上得到用户的大量关注，但只要长期坚持下去，形成自己独有的风格，就能凭借正能量的形象吸引更多的用户。

8.2.3 掌握幽默技巧

有人说,语言的最高境界就是幽默。拥有幽默口才的人除了让人觉得很风趣,还能折射出这个人的内涵和修养。所以,一个专业主播的养成也必然少不了幽默技巧。

1．收集素材

善于利用幽默技巧是一个专业主播的成长必修课。生活离不开幽默,就好像鱼儿离不开水、呼吸离不开空气。学习幽默技巧的第一件事情就是收集幽默素材。

主播要凭借从各类喜剧中收集而来的幽默素材,全力培养自己的幽默感,学会把故事讲得生动有趣,让用户忍俊不禁。用户是喜欢听故事的,而故事中穿插幽默则会让用户更加全神贯注,将身心都投入主播的讲述之中。

例如,生活中很多幽默故事就是由喜剧的片段和情节改编而来。幽默也是一种艺术,艺术来源于生活而高于生活,幽默也是如此。

2．幽默段子

"段子"本身是相声表演中的一个艺术术语。随着时代的变化,它的含义不断拓展,近几年频繁活跃在互联网的各大社交平台上。

而幽默段子作为最受人们欢迎的幽默方式之一,也得到了广泛的传播和发扬。微博、综艺节目和朋友圈里的幽默段子比比皆是,这样的幽默方式也赢得了众多用户的追捧。幽默段子是吸引用户注意力的绝好方法。主播想要培养幽默技巧,就需要了解段子并掌握编写段子的技巧,用段子来征服用户。

3．自我嘲讽

讽刺是幽默的一种形式,相声就是一种讽刺与幽默相结合的艺术。讽刺和幽默是分不开的,要想学得幽默技巧,就要学会巧妙的讽刺。

主播可以适当地在直播中进行自嘲,这样既能逗用户开心,又不会伤了和气。因为用户不是亲密的朋友，如果对其进行讽刺或吐槽，很容易引起他们的反感和愤怒。

现在很多直播中，主播也会通过这种自我嘲讽的方式来将自己"平民化"，让自己显得平易近人。自嘲这种方法只要运用得恰当，达到的效果还是相当不错的。当然，主播也要把心态放正，要将自嘲看成一种娱乐方式，不要太较真。

8.3 打造专属直播

打造专属于自己的直播的主播，往往更容易从直播行业中脱颖而出。那么，在抖音直播中如何打造专属的直播呢？主播可以从 4 个方面进行考虑，即打造独特造型、用好特色装饰、留下个人口头禅和树立主播的人设。

8.3.1 打造独特造型

我们在初次认识一个人时，除了看他的长相和身材，还会重点关注他的穿着，或者说造型。因此，当主播以独特造型面对用户时，用户便能快速记住你。例如，某主播便是以《西游记》中孙悟空的造型来进行直播的。当我们看到这个直播之后，很容易便会被主播的造型吸引，并对他的造型留下深刻的印象。

当然，这里也不是要大家故意做一些造型去哗众取宠，而是要在合理的范围内，用大多数用户可以接受的、具有一定特色的造型来做直播，争取用造型来给自己的直播加分。

8.3.2 用好特色装饰

主播可以通过直播间的特色装饰来打造个人直播特色，塑造专属的直播。直播间的特色装饰有很多，既包括主播后面的背景，也包括直播间画面中的各种设置。

不过，相对于主播后面的背景，直播间画面中的相关设置通常要容易操作一些，例如，主播可以在直播间的画面中添加贴纸。下面介绍具体操作方法。

Step 01 打开抖音 App，点击首页底部的 ⊕ 按钮，如图 8-4 所示。

Step 02 执行操作后，进入"快拍"界面，❶切换至"开直播"界面；❷点击"开始视频直播"按钮，如图 8-5 所示。

Step 03 执行操作后，即可开始进行直播，此时主播可以对直播间的画面进行装饰。在直播界面中点击 🪄 按钮，如图 8-6 所示。

Step 04 执行操作后，弹出"装饰美化"对话框，主播可以通过添加"美化""特效""贴纸""手势魔法"等效果来丰富直播间的画面。点击"贴纸"按钮，如图 8-7 所示。

Step 05 执行操作后，弹出"文字贴纸"对话框，用户可以根据自己的需要选择添加文字贴纸或图片贴纸。这里以添加文字贴纸为例，在"文字贴纸"对话框中选择一个贴纸，如图 8-8 所示。

Step 06 执行操作后，直播界面中会出现刚刚选择的贴纸，长按贴纸并将其拖曳至合适位置，调整贴纸的位置，如图 8-9 所示，即可完成贴纸的添加。

图 8-4　　　　　图 8-5　　　　　图 8-6

图 8-7 　　　　　图 8-8 　　　　　图 8-9

8.3.3　留下个人口头禅

个人口头禅是人的一种标志，因为口头禅出现的次数比较多，再加上在他人听来通常具有一定的特色，所以，听到某人的口头禅之后，我们便能记住这个人，并且在听到其他人说他的口头禅时，我们也会联想到将这句话作为口头禅并在我们心中留下深刻印象的人。在抖音短视频中，一些具有代表性的头部账号的主播往往都有令人印象深刻的口头禅。

无论是短视频还是直播，主播或视频中人物的口头禅都能令人印象深刻，甚至当用户在关注某个主播一段时间之后，在听到主播在直播中说口头禅时，都会觉得特别亲切。

8.3.4　树立主播的人设

各大短视频和直播平台上的头部主播之所以能被广大用户记住，关键就在于这些主播都有属于自己的人设。那么，我们应该如何打造人设，增加人设的魅力，更好地开启主播的网红之路呢？下面就来重点讲解树立主播人设的方法。

1. 确定类型

大众对于陌生人的初次印象往往是不够突出、具体的，而且存在一定的差异性。大部分人对陌生人的印象基本处于一个模糊的状态。

其实，个人所表现出的形象、气质完全可以通过人设的经营来改变。例如，可以通过改变人物的发型，塑造出和原先不同的视觉效果，使人产生新的人物形象记忆，从而利于人设的改变。

学会打造独特的人物设定，可以使主播拥有与众不同的新颖点，在众多直播中脱颖而出。此外，对外输出的效果的好坏会直接决定人设经营是否成功。而要打造出独特的人物设定，首先要做的就是选择合适的人设类型。

要确定自己的人设类型是否合适、恰当，需要考虑的关键方向就是是否满足了自身所面向的群体的需求，因为人设塑造的直接目的就是吸引目标群体的关注。

人设可以迎合受众的移情心理，从而增强用户群体对其人设的认同感，让用户愿意去了解、关注主播。所以，在人设塑造过程中，确定好人设的类型是一个关键。对于主播来说，确定合适的人设可以快速引起用户的兴趣，刺激用户持续关注直播内容。

需要格外注意的是，主播在塑造自己的人设时，应该以自身的性格为核心，再向四周深化，这样便于之后的人设经营，同时能增加用户对于人设的信任度。确定好人设类型后，主播还要进一步考虑自己的人设是否独特别致。

2. 对标红人

人格魅力的产生在很大程度上是源于用户对主播的外貌、穿衣打扮的一个固有形象的印象，以及主播在直播间表现出来的性格。一个精准的主播人设可以拓展直播的受众面，吸引到感兴趣的用户。

精准的人设就是说到某一行业或内容时，用户就能联想到具体的人物。而主播要做的就是在学习他人成功经验的基础上，树立自己的精准人设，让自己成为这类人设标签里的红人。

例如，一个男主播要想成为口红带货的头部主播，可以先参照"口红一哥"的成功经验进行直播，并在直播中树立起自己的独特人设（如站在用户的角度思考问题，只为用户推荐高性价比口红的真诚主播形象），通过持续直播让自己慢慢成为口红直播行业中的红人。

3. 设定标签

一个人一旦有了一定的影响力，就会被所关注的人在身上贴上一些标签，这些标签就可以组合成一个虚拟的"人"。当提到某个标签时，许多人可能会想到一些东西，包括某人带给他的印象或标签，如严谨、活泼、可爱和高冷等标签，而并非只是想到一个单纯的名字。

主播也可以试着把这些人设标签体现在主播名称和直播标题中。这样，一旦有人在直播搜索栏中搜索相关的标签，就有可能搜索到你。

树立人设的一个关键作用就是让主播可以和其他主播区分开来，所以当主播在选择自己人设标签的时候，必须要和其他主播的人设区分开来。为了避免出现同年龄、同类型的主播人数太多，无法有效突出自己的人设形象问题，主播在选择人设形象时，要选择便于用户进行搜索、区分的人设。

主播之间人设类型的多样性，正是通过细分人设这种方式去减轻主播之间的竞争力的。对于主播来说，人设就代表着自身的形象魅力和特色。主播只要把设定出的形象不断地对用户进行展示和强化，自然就可以给他们留下独特、深刻的印象，所以塑造人设的基本策略就是体现差异化，让人设能够被用户鲜明区分出来。

8.4 掌握表达技巧

同样是做抖音直播，有的主播一场直播中可以带货上千万，有的主播却没卖出几件商品。之所以会出现这种差异，其中一个重要原因就是前者懂得通过表达技巧来引导销售，而后者却不懂得如何通过表达来带动商品的销量。

8.4.1 掌握通用表达技巧

在抖音直播的过程中，主播如果能够掌握一些通用的表达技巧，会获得更好的带货和变现效果。下面就对 5 种直播通用表达技巧进行分析和展示，帮助大家更好地提升自身的带货和变现能力。

1．欢迎用户进入

当有用户进入直播间之后，直播的评论区会有提示，如图 8-10 所示。主播在看到进入直播间的用户之后，可以对其表示欢迎。

图 8-10

当然，为了避免欢迎表达过于单一，主播可以根据自身和观看直播的用户的特色来制定具体的表达语言。具体来说，欢迎用户的常见表达主要包括以下 4 种。

（1）结合自身特色。如："欢迎×××来到我的直播间，希望您能从我的直播间学到办公软件的一些操作技巧！"

（2）根据用户的名字。如："欢迎×××的到来，从名字可以看得出你很喜欢吃××。真巧，我也喜欢吃！"

（3）根据用户的账号等级。如："欢迎×××进入直播间，哇，这么高的等级，看来是一位大佬了，求守护呀！"

（4）表达对忠实粉丝的欢迎。如："欢迎×××回到我的直播间，差不多每场直播都能看到你，感谢一直以来的支持呀！"

2．感谢用户支持

当用户在直播中购买商品，或者刷礼物支持你时，你可以通过一定的话语对用户表示感谢。

（1）对购买商品的人表达感谢。如："谢谢大家的支持，××不到1个小时就卖出了500件，大家太给力了，爱你们哦！"

（2）对刷礼物的人表达感谢。如："感谢××哥的嘉年华，这一下就让对方失去了战斗力，估计以后他都不敢找我PK了。××哥太厉害了，给你比心！"

3．提问活跃气氛

在直播间向用户提问时，主播要使用更能提高用户积极性的话语。对此，主播可以从以下两个方面进行思考。

（1）提供多个选择项，让用户自己选择。如："接下来，大家是想听我唱歌，还是想看我跳舞呢？"

（2）提高用户的参与度。如："大家想看哪件商品，可以在评论区打出对应的序号哦！我看哪件商品更受欢迎！"

4．引导用户助力

主播要懂得引导用户，根据自身的目的，让用户为你助力。对此，主播可以使用不同的表达对用户进行引导，达成自身的目的，具体如下。

（1）引导购买。如："天啊！果然好东西都很受欢迎，不到半个小时，××已经只剩下不到一半的库存了，要买的宝宝抓紧时间下单哦！"

（2）引导刷礼物。如："我被对方超过了，大家给给力，让对方看看我们真正的实力！"

（3）引导直播氛围。如："咦！是我的手机信号断了吗？怎么我的直播评论区一直都没有出现变化呢？喂！大家听不听得到我的声音呀，麻烦听到的宝宝在评论区扣个1。"

5. 传达下播信号

每场直播都有下播的时候，当直播即将结束时，主播应该通过下播表达技巧向用户传达信号。那么，如何向用户传达下播信号呢？主播可以重点从3个方面进行考虑，具体如下。

（1）感谢陪伴。如："直播马上就要结束了，感谢大家在百忙之中抽出宝贵的时间来看我的直播。你们就是我直播的动力，是大家的支持让我一直坚持到了现在。期待下次直播还能看到大家！"

（2）直播预告。如："这次的直播马上要接近尾声了，愉快的时光过得就是快，还没和大家玩够就要说再见了。喜欢我的朋友可以明晚8点进入我的直播间，到时候我们再一起玩呀！"

（3）表示祝福。如："时间不早了，我要下班了。大家好好休息，做个好梦，我们来日再聚！"

8.4.2 掌握促销表达技巧

主播在销售商品的过程中，除了要把商品很好地展示给用户，还要掌握一些促销表达技巧，这样才可以更好地进行商品推销，提高主播自身的带货能力，从而让主播的商业价值得到增值。这一小节笔者将向大家介绍几种商品促销的表达技巧，帮助大家提升带货能力，创造直播间的高销量。

1. 通过商品介绍引导下单

主播在抖音直播中，可以用一些生动形象、有画面感的话语来介绍商品，从而达到引导用户购买商品的目的。下面，笔者就为大家讲解介绍商品的几种常用方法。

1）直接介绍法

直接介绍法是指主播直接向用户介绍、讲述商品的优势和特色，劝说用户购买商品的一种办法。这种推销方法的优势就是非常节约时间，直接让用户了解商品的优势，省却不必要的询问过程。

图 8-11 所示为某个出售茶器的直播间画面。可以看到，该直播就是通过直接展示并介绍商品的方式来向用户推荐商品的，这便属于通过直接介绍法进行直播带货。

图 8-11

2）间接介绍法

间接介绍法是通过向用户介绍和商品本身相关的其他事物来衬托商品的一种方法。例如，如果主播想向用户介绍服装的质量有多好，可以通过介绍服装的做工和面料等，让用户觉得商品的质量过硬，这就是间接介绍法。

例如，某直播间中，主播在向用户推荐山药时，并没有将重点放在展示商品的外观上，而是直接把挖掘山药的过程呈现在镜头中，让用户看到山药挖掘的不易。这便是通过间接介绍法进行直播带货。

3）逻辑介绍法

逻辑介绍法是通过逻辑推理的方式，说服用户购买商品的一种沟通推销方法。这也是一种线下销售中常用的推销手法。

例如，有的主播在推销商品时，可能会说："这件商品也就是几杯奶茶的价钱，几杯奶茶很快就喝完了，但商品购买了之后却可以使用很长一段时间。"这就是一种较为典型的逻辑介绍，这种介绍法的优势就在于说服力很强，会让用户很容易就认同主播的观点。

2．通过售后保障引导下单

主播要想让用户爽快地下单，那么就有必要解决用户的后顾之忧。现在很多的品牌商家为了提高商品的销量，往往会向消费者承诺这款商品在一定的时间期限内是可以免费退换的，以此解决用户收到商品后不满意的担忧。

现在，很多抖音直播间都会标明商品的售后处理情况，让进入直播间的用户可以安心购买。图 8-12 所示的两个直播间中都向用户展示了赠送运费险、7 天无理由退货和 15 天保价退差价等售后服务信息。

图 8-12

这种策略可以在一定程度上表明主播对于自己推荐的商品有着足够的信心。同时，采取免费退换的售后保障也是建立用户信任感的有效策略，让用户产生即使收到的服装款式、风格自己不喜欢，也不会有任何经济损失的感觉，进而使用户更放心地购买商品。

3. 通过限时优惠引导下单

限时优惠法就是直接告诉用户，现在直播间在举行某项优惠活动，在这个活动期间用户能够得到的利益是什么。此外，主播也可以在直播时提醒用户，如果活动结束后再想购买对应的商品，则要花费更多钱。这样一来，为了更好地维护自身的利益，部分用户就会更愿意购买商品了。

例如，主播在直播中可以对用户说："亲，这款服装，我们今天做优惠活动，你还不考虑入手一件吗？过了今天，价格就会回到原价位，原价和现在的价位相比，足足多了好几百元呢！如果你想购买该商品的话，必须得尽快做决定哦！机不可失，时不再来。"

主播通过这种方法推销商品，会给用户一种错过这次活动，之后再买就亏大了的感觉。同时，通过最后期限的设置和告知，能给用户造成一种心理压迫感，让有需求的用户更想要抓紧时间入手商品。

主播在直播间给用户推荐商品时，就可以积极运用这种方法，通过直播语言表达给用户造成紧迫感，同时可以通过优惠倒计时的显示来提醒用户可享受优惠的时间越来越少了。

8.4.3 掌握答疑表达技巧

掌握了通用表达技巧和促销表达技巧后，主播还需要掌握答疑表达技巧，以应对直播间用户的提问。只有这样，才能确保直播带货的正常进行。

1. 商品是否适用

用户常问的一类问题是商品是否适用，例如："我的体重是

××kg，身高是×××cm，这个商品我用（穿）合适吗？""×号链接（的商品），××斤左右可以穿吗？""××斤，要穿哪个尺码的？"

对于这类问题，主播可以根据用户提供的具体身高和体重信息，给予合理意见；或者将当前商品的尺码与标准尺码进行对比，再做出推荐。如果销售的商品是标准码，可以让用户直接选择平时穿的尺码。当然，主播也可以在直播间中展示商品的标准尺码推荐参考表，给用户提供一个参照。

这样一来，当用户询问这一类问题时，主播直接让用户查看尺码参考表就可以了。除此之外，还可以向用户展示商品包装中的尺码表，让用户知道对应尺码的使用情况。

2. 主播自身情况

用户常问的第2类问题是主播的身高以及体重等信息。部分主播会在抖音直播间中展示主播的身高以及体重等信息。但是有的用户可能没有注意到，此时主播可以直接回复用户，并且提醒用户看直播间中的主播信息。

3. 商品能否试用

许多用户经常会在短视频直播中询问："×号宝贝可以试一下吗？"用户之所以会问这一类问题，很可能是因为用户在观看直播时对该商品产生了兴趣，需要主播进行试用，所以提出了试用的要求。

主播面对这类提问时，可以通过一定的表达技巧对用户的问题进行回答，并及时安排试用或试穿商品。

例如，在某服装类销售抖音直播中，部分粉丝要求主播试穿20号商品。主播在看到用户的提问之后，马上说道："好的，等下给大家试试20号。"并在展示完一套衣服之后，便快速换上了购物车中的20号商品，将商品的试穿效果展示给用户。

4. ×号宝贝的价格

有的用户会询问商品的价格。用户之所以会问这个问题,主要就是因为他没有看商品详情,或者是没有找到商品详情页面。此时,主播可以直接告知商品的价格,或者告诉用户如何找到商品详情页面。

5. 质问主播不理会

有时候用户会问主播为什么不理人,或者责怪主播没有理会他。这时候主播需要安抚该用户的情绪,可以回复说:"没有不理,只是因为消息太多,没有看到。"主播需要明白,如果没有做好安抚工作,可能会丢失这个用户。

除了质问主播不理会自己,部分用户可能还会询问主播:"客服怎么不回信息?"对此,主播可以告诉用户,是因为消息太多了,客服有些回复不过来,并表示自己会提醒客服及时回复消息。

Chapter 09

第9章
直播运营：
快速完成直播
体系的搭建

在抖音直播带货的过程中，直播的运营非常重要。本章将从直播前的准备工作、直播过程中获取更多粉丝与热度以及使用平台提供的营销工具提高转化率3个方面进行介绍，帮助运营者搭建一个基础的直播体系。

9.1 完成前期准备

在正式开播之前，运营者需要了解直播间的核心搭建要素，准备好相应的设备和人员，并开通抖音的直播功能。本节主要讲解抖音直播的一些基础知识，帮助大家更好地进行开播设置。

9.1.1 准备常用设备

开播之前，运营者需要用心准备好各项直播设备。下面，笔者就来介绍直播间的常用设备。

1. 电脑和手机

现如今的抖音电商直播可谓红红火火，很多人都想借此来获得收益。抖音直播的载体有两种，一种是电脑，另一种是手机。那么，如何选购适合进行直播的电脑和手机呢？

1）电脑

从事专业直播的人群一般都有一定的才艺技能、理论普及和经济能力，他们采用的直播设备就是台式电脑和笔记本，而直播对于这类设备的配置要求都是比较高的，高性能的电脑与主播直播的体验是成正比的。所以，接下来笔者就从电脑配件的各部分参数进行分析，给主播推荐合适的电脑设备，以帮助大家提升直播的效果。

- ✤ CPU 处理器。CPU（central processing unit，中央处理器）的性能对电脑的程序处理速度来说至关重要，CPU 的性能越高，电脑的运行速度也就越快，所以在 CPU 的选择上千万不能马虎或将就。一般来说选择酷睿 I5 或 I7 的处理器比较好。
- ✤ 运行内存条。内存条的选择和 CPU 一样，要尽量选择容量大的。因为运行内存的容量越大，电脑文件的运行速度也就越快。对于有直播需求的运营者来说，其电脑内存容量的选择不能低于 8 GB，如果预算充足，选择 8 GB 以上的内存条更佳。

❖ 硬盘类型。现在市面上流行的硬盘类型一共有两种，一种是机械硬盘，还有一种是固态硬盘。这两种硬盘之间的比较如图 9-1 所示。

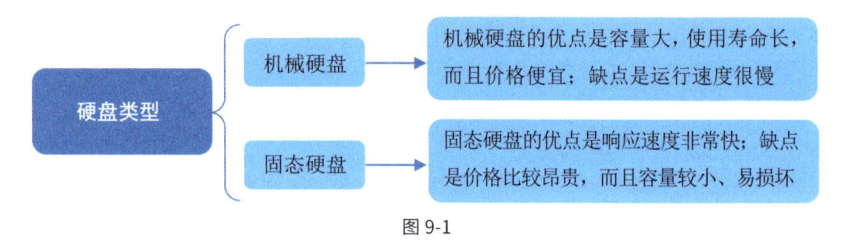

```
硬盘类型 ┬─ 机械硬盘 → 机械硬盘的优点是容量大，使用寿命长，而且价格便宜；缺点是运行速度很慢
        └─ 固态硬盘 → 固态硬盘的优点是响应速度非常快；缺点是价格比较昂贵，而且容量较小、易损坏
```

图 9-1

随着科学技术的不断进步，现在固态硬盘的生产技术也越来越先进、成熟，所以这也导致了固态硬盘的销售价格不断降低，而容量单位却在不断扩大，也就不用担心选购固态硬盘的成本预算问题了。

❖ 显卡。体现电脑性能的又一个关键配件就是显卡，显卡配置参数的高低会影响电脑的图形处理能力，特别是在运行大型游戏以及专业的视频处理软件时，显卡的性能就显得尤为重要。电脑显卡对直播时的效果也会有一定的影响，所以尽量选择高性能的显卡型号。

2）手机

随着移动通信技术的不断进步，手机的网速也越来越快，这一点相信大家深有体会。4G 网络普及后手机的网速已经能够达到流畅地观看视频的地步，这就为手机直播的发展提供了必要的前提条件。

与电脑直播相比，手机直播的方式更加简单和方便，主播只需要一台手机，然后安装一款直播平台的 App，再配上一副耳机即可进行直播。当然，如果觉得手持手机直播有点累，也可以为手机加个支架固定。

手机直播适用于那些把直播当作一种生活娱乐方式的人或者刚进行直播的新人。因为手机的功能毕竟没有电脑强大，有些专业的直播操作和功能在手机上是无法实现的，所以直播对手机配置的要求没有电脑那么高。虽然如此，但是对于手机设备的选购也是需要经过一番仔细的考虑和斟酌的。

手机的选购和电脑一样，也要稍微注意一下手机的配置参数，然后在预算范围内选择一款自己喜欢的手机款式即可。

2．灯光

摄影是用光的艺术，直播也是如此。为什么有的主播看上去很明亮耀眼，有的主播却是黯淡无光呢？这是灯光造成的不同效果。直播间的灯光主要分为以下 5 种。

1）主光

主光灯须放在主播的正面位置，且与摄像头镜头光轴的夹角不能超过 15 度。这样做能让照射的光线充足而均匀，使主播的脸部看起来很柔和，从而起到磨皮美白的美颜效果。但是，这种灯光设置也略有不足之处，那就是没有阴影效果，会使画面看上去缺乏层次感。

2）辅助光

辅助光宜从主播的左右两侧与主光呈 90 度夹角摆放。当然，还有一种更好的设置方法，那就是将辅助光放置在主播左前方 45 度或右后方 45 度进行照射。这样做可以使主播的面部轮廓产生阴影，并产生强烈的色彩反差，有利于打造主播外观的立体质感。但需要注意的是，灯光对比度的调节要适度，防止面部过度曝光或部分地方太暗的情况发生。

3）轮廓光

轮廓光要放置在主播的后面，以便形成逆光的效果，这样做不仅能够让主播的轮廓分明，还可以突出主播的主体作用。在使用轮廓光的时候必须要注意把握光线亮度的调节，因为光线亮度太大可能会导致主播这个主体部分过于黑暗，同时摄像头入光也会产生耀光的情况。

4）顶光

顶光是从主播头顶照射下来的主光线，其作用在于给背景和地面增加亮度，从而产生厚重的投影效果，这样有利于塑造轮廓的造型，起到瘦脸的功效。但要注意顶光的位置距离主播的位置尽量不要超过

2米，而且这种灯光也有一个小缺点，那就是容易使眼睛和鼻子的下方造成阴影，影响美观。

5）背景光

背景光的作用是烘托主体，为主播的周围环境和背景进行照明，营造各种环境气氛和光线效果。但是，由于背景光的灯光效果是均匀的，所以应该采取低亮度、多数量的方法进行布置。

以上5种灯光效果的设置在打造直播环境时必不可少，每种灯光都有其各自的优势和不足，主播需要进行不同的灯光组合来取长补短。当然，在设置直播间灯光时，运营者还需要注意一些事项，如图9-2所示。

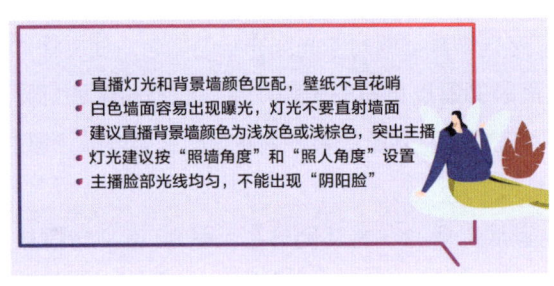

图 9-2

3．道具

除了电脑、手机和灯光设备，运营者还可以使用一些道具类的设备来提升直播的效果，如小黑板和倒计时秒表等。图9-3所示为小黑板和倒计时秒表在直播间的作用。

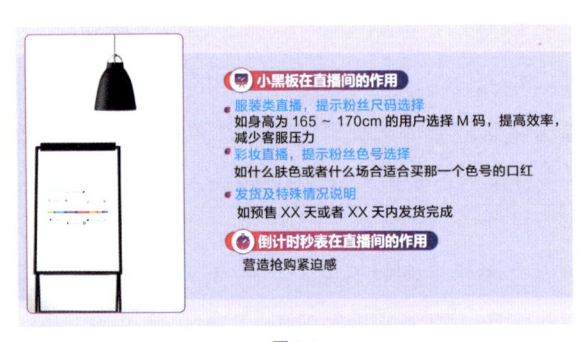

图 9-3

9.1.2 组建直播团队

为了保障直播的效果，运营者有必要在开播之前组建一个直播团队，并根据需要明确直播团队中的各个岗位角色及其对应的岗位职责。表 9-1 所示为直播团队的常见岗位角色和岗位职责。

表 9-1

岗位角色	角色介绍	岗位职责
直播运营	直播运营是推进直播工作的人，包括产品卖点提炼、直播玩法、官方活动等	推动直播间产品、内容和服务等方面的工作进展，提高直播可看性和直播产出结果
活动运营	活动运营是策划直播活动的人，对接官方活动并报名参加，争取活动资源和流量	策划自运营直播活动，并关注平台官方活动和各地区政府、产业带的活动
直播场控	直播场控是在直播过程中提升直播间粉丝活跃度和互动氛围、提高粉丝停留时长和购买兴趣的人	提升直播间粉丝活跃度和互动氛围，提高粉丝停留时长和购买兴趣
直播策划	直播策划是策划直播间内容文案的人	确定直播间流程、脚本、提词等（不少团队直播运营兼任直播策划）
运营助理	运营助理是协助直播运营开展工作的人	协助直播运营开展工作，如记录直播数据、统计竞争对手数据等

9.1.3 开通直播功能

抖音直播变现的基础是开通抖音直播功能。其实，抖音直播功能开通起来很简单，运营者只需进行实名认证即可。实名认证完成后，如果系统发来系统通知，告知你已获得开通抖音直播的资格，就说明抖音直播功能开通成功了。图 9-4 所示为抖音平台中关于直播功能的温馨提示。

温馨提示：

（1）主播需年满 18 周岁，且使用本人身份信息完成实名认证（芝麻信用或手持身份证）后方可开播。

（2）请勿相信任何买卖直播权限、粉丝的行为，作弊账号将被封禁处理。

（3）抖音直播暂不支持非大陆地区直播。

图 9-4

对于运营者来说，抖音直播可谓一种促进商品销售的重要方式。那么，究竟要如何进行抖音直播呢？图 9-5 所示为抖音直播的整体流程。

图 9-5

9.2 积蓄大量粉丝

在直播带货的过程中，流量的获取是关键。通常情况下，一个直播获得的流量越多，增加的粉丝量和获得的销量也会越多。那么，有没有什么方法可以增加直播间的流量，让直播间快速积蓄大量粉丝呢？这一节，笔者就来重点为大家分享 5 种直播间引流增粉的方法。

9.2.1 通过爆款短视频吸粉

运营者可以通过打造爆款短视频为直播间引流增粉，这主要是因为爆款短视频会被很多用户看到，而且如果用户在看短视频时抖音号正好在直播，那么抖音号头像中会显示"直播"两个字。此时，只要用户点击抖音号头像，便会自动进入直播间，如图 9-6 所示，这无疑可为直播间带来一定的流量。

图 9-6

9.2.2 使用主播券吸粉

利用优惠券吸粉是比较常见的吸粉方式之一，在抖音直播中，运营者可以使用的优惠券种类比较多，主播券便是其中之一。那么，什么是主播券？使用主播券能有什么好处？这些问题在抖音电商学习中心的"主播券 - 定义"中给出了答案，如图 9-7 所示。

图 9-7

既然使用主播券对直播带货有诸多好处，那么运营者要怎样使用主播券呢？下面，笔者就为大家介绍主播券的使用步骤。

Step 01 如果运营者想创建主播券，先要确保账号内有相应的资金，否则要先进行充值，再进行创建。进入巨量百应平台的后台，在"直播管理"页面中，❶依次单击"营销管理"|"主播券管理"按钮；❷在"主播券"板块中单击"充值"按钮，如图 9-8 所示。

图 9-8

Step 02 执行操作后，会弹出"充值创券资金"对话框，如图 9-9 所示。运营者需要先设置相应的充值金额，然后选中"我已阅读并同意《联盟平台达人主播券营销服务协议》"复选框，再单击"提交"按钮，最后根据页面提示完成支付，即可完成创券资金的充值。

图 9-9

第 9 章 直播运营：快速完成直播体系的搭建

Step 03 完成充值后，在"主播券"板块中单击"新建主播券"按钮，如图 9-10 所示。

图 9-10

Step 04 执行操作后，会弹出"新建主播券"对话框，如图 9-11 所示。运营者需要设置主播券的相关信息，并添加可使用该主播券的商品，最后进行提交即可。

图 9-11

Step 05 在"直播管理"页面中，❶依次单击"直播间发券"|"土播券"按钮，进入"主播券"板块；❷单击板块中对应主播券后方的"立即发券"按钮，即可发送主播券，如图 9-12 所示。

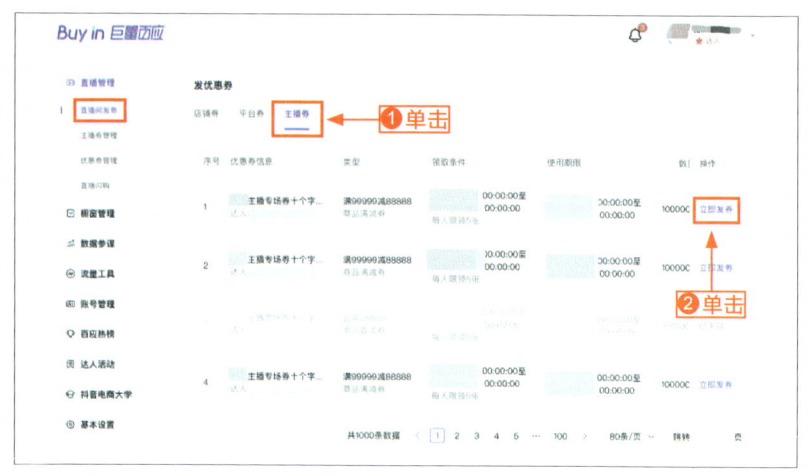

图 9-12

Step 06 如果运营者要暂停发放主播券，只需单击"主播券"板块中对应主播券后方的"暂停发券"按钮即可，如图 9-13 所示。

图 9-13

9.2.3 使用达人定向券吸粉

对于"达人定向券"这个名字，可能许多人没有听过。那么，什么是达人定向券？为什么要使用达人定向券？抖音电商学习中心的"达人定向券-定义"中给出了答案，如图 9-14 所示。

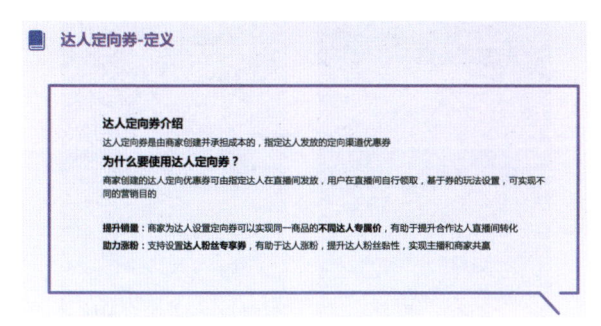

第 9 章 直播运营：快速完成直播体系的搭建

图 9-14

很显然，发放达人定向券对于提高销量和助力涨粉是有一定作用的，那么要怎样发放达人定向券呢？抖音电商学习中心的"定向券发放教程"中提供了两种发放达人定向券的方式，如图 9-15 所示。

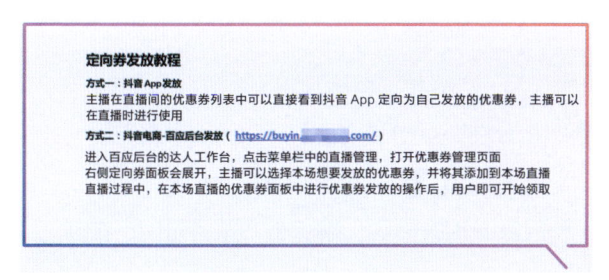

图 9-15

9.2.4 通过直播预告吸粉

如果运营者确定了直播的时间和内容，可以通过直播预告，将具体的开播时间和内容告知用户，让更多用户第一时间观看你的直播，从而达到引流增粉的目的。具体来说，运营者可以通过如下步骤设置直播预告。

Step 01 登录抖音 App，点击首页底部的 ➕ 按钮，进入"快拍"界面，点击"开直播"按钮，进入"开直播"界面，点击界面中的"设置"按钮，如图 9-16 所示。

Step 02 执行操作后，会弹出"设置"对话框，点击对话框中"直播预告"后方的"未设置"按钮，如图 9-17 所示。

157

图 9-16　　　　　　　　图 9-17

Step 03 执行操作后，会弹出"直播预告"对话框，点击"启用直播预告"后方的 ⬤ 按钮，如图 9-18 所示。

Step 04 执行操作后，❶ ⬤ 按钮会变成 ⬤ 按钮，此时"直播预告"对话框中会显示预告的相关内容；❷点击"开播时间"右侧的"请选择"按钮，如图 9-19 所示。

图 9-18　　　　　　　　图 9-19

第 9 章 直播运营：快速完成直播体系的搭建

Step 05 执行操作后，在弹出的"预告开播时间"对话框中，❶设置开播时间；❷点击"保存"按钮，如图 9-20 所示，即可完成设置，并返回"直播预告"对话框。

Step 06 ❶设置直播预告的内容；❷点击"保存"按钮，如图 9-21 所示，即可完成直播预告的设置。

图 9-20　　　　　　　　图 9-21

Step 07 执行操作后，抖音官方会发送"直播预告文案审核结果"的通知，如果显示审核通过，就说明直播预告设置成功了，如图 9-22 所示。

图 9-22

9.2.5 通过 DOU＋上热门吸粉

运营者可以在"开直播"界面中开启"DOU＋上热门"功能,让抖音平台将直播间推送给更多用户,从而起到引流增粉的作用,具体操作步骤如下。

Step 01 在"开直播"界面中点击"上热门"按钮,如图 9-23 所示。

Step 02 执行操作后,会弹出"DOU＋直播上热门"对话框,默认选择"快速加热"这种方式,❶选择相应金额的套餐;❷点击"支付"按钮,如图 9-24 所示,完成支付后即可对直播间进行加热。

图 9-23

图 9-24

Step 03 ❶也可以选择"自定义加热"选项;❷设置下单金额、在意的项目、想吸引的观众类型、加热方式和期望曝光时长等信息;❸点击"支付"按钮即可,如图 9-25 所示。

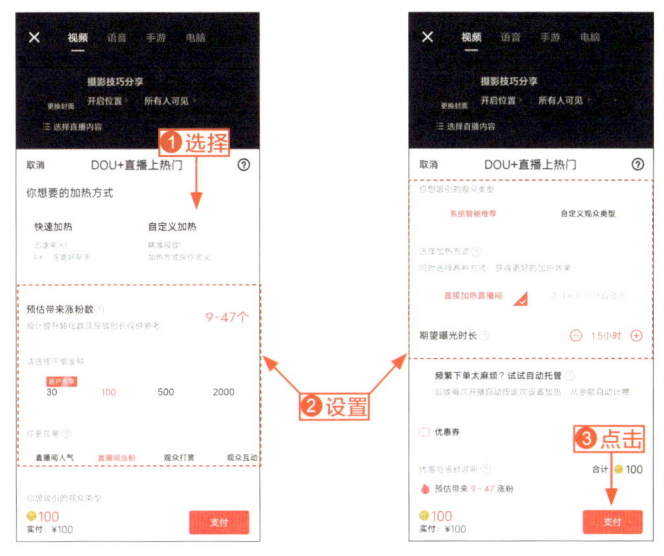

图 9-25

9.3 使用营销工具

在移动互联网时代，电商的营销不再是过去那种"砸钱抢夺流量"的方式，而是以粉丝为核心，所有商家和运营者都在积极打造忠诚的粉丝社群体系，这样才能让店铺走得更加长远。

在抖音直播的运营过程中，使用抖音电商平台提供的营销工具就是一种快速获得粉丝的方法，能够更好地为店铺引入流量，给产品和店铺带来更多的展示机会，并有效促进用户的下单转化。

9.3.1 限时限量购

抖音电商的限时限量购营销工具是一种通过对折扣促销的产品货量和销售时间进行限定来实现"饥饿营销"的目的，可以快速提升店铺人气和 GMV（gross merchandise volume，商品交易总额）。用户需要在商家设置的活动时间内对参与活动的商品进行抢购，一旦超出活动时间或者活动库存售罄，商品将立即恢复原价。

161

目前，抖音将限时限量购拆分成了限时抢购和普通降价促销两种活动类型，以便满足运营者不同时间段、不同目的的营销需求。表 9-2 所示是有关限时抢购和普通降价促销的介绍。

表 9-2　有关限时抢购和普通降价促销的介绍

活动类型	产品定位	活动时间可选范围	折扣力度限制	支持操作平台
限时抢购	有明显促销感知的较短期优惠	有效期最短 5 分钟，最长 7 天	优惠力度至少 95 折，并且优惠金额应大于或等于 1 元	抖音小店、巨量百应
普通降价促销	商家改价工具，满足商家日常降价营销诉求	有效期最短 5 分钟，最长 365 天	优惠力度至少 99 折，并且优惠金额应大于或等于 1 元	抖音小店

商家在设置了限时抢购或普通降价促销活动后，用户在进入抖音直播间的购物车或者活动商品的详情页后，可以看到有专属的活动标识和皮肤。图 9-26 所示为显示"限时抢"活动标识的购物车商品。可以看到，有些商品还会显示限时抢活动的抢购进度或倒计时，这样能够营造出强烈的营销氛围，从而促进用户转化效果。

图 9-26

9.3.2 满减活动

满减活动是指通过为指定商品设置"满额立减""满件立减""满件 N 折"的优惠形式，对用户的购买决策产生影响，从而提升客单价和用户转化效果。

下面介绍设置满减活动的操作方法。

Step 01 进入"抖店｜营销中心"页面，❶在左侧导航栏中选择"营销工具"｜"满减"选项；❷单击右上角的"立即新建"按钮，如图 9-27 所示。

图 9-27

Step 02 进入"新建活动"页面，在"设置基础规则"选项区设置各选项，包括活动的类型、名称、时间、优惠设置以及是否允许叠加店铺券等，如图 9-28 所示。其中，"优惠设置"选项采用阶梯优惠的方式，默认只有 1 个层级，单击"增加规则"按钮，最多可添加 5 个层级，下一层级的满额或折扣要大于上一个层级。

Step 03 在"选择商品"选项区中单击"添加商品"按钮，可在店铺中添加参与活动的商品，上限为 100 件。单击"提交"按钮即可创建满减活动。如果商家中途想停止进行中的活动，可以在"多件优惠"活动页面中单击相应活动商品右侧的"设为失效"按钮，如图 9-29 所示。

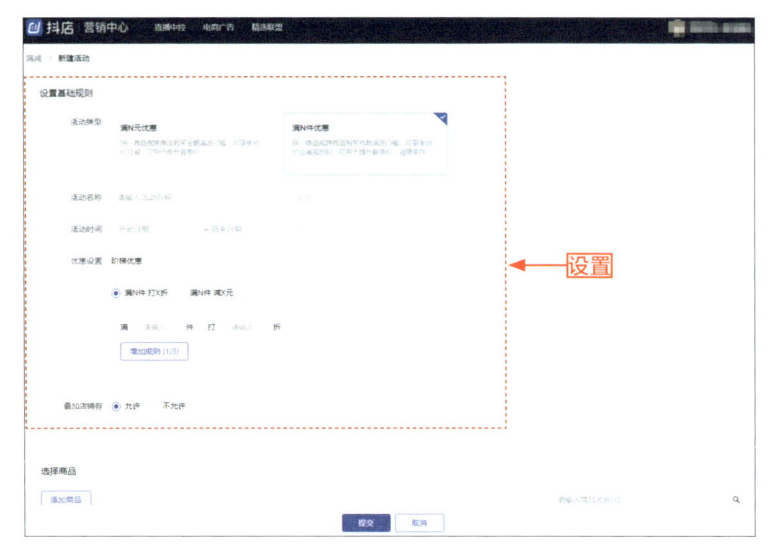

图 9-28

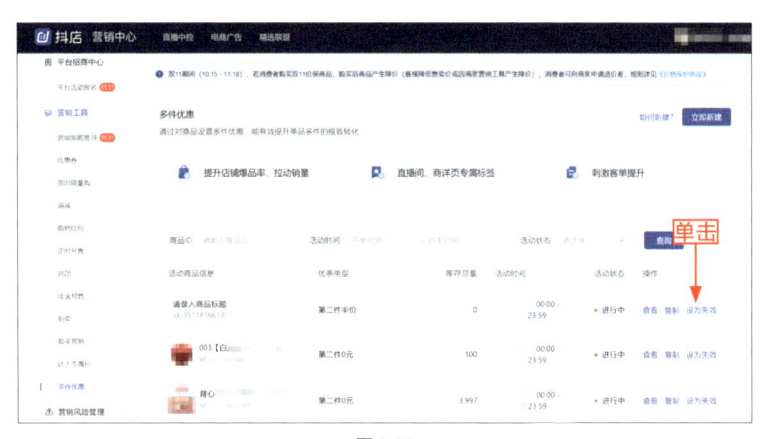

图 9-29

商家创建满减活动后,当用户进入店铺主页、商品详情页或单个商品下单页后,可直接看到相应的活动信息,从而有效引导用户同时购买多个商品,如图 9-30 所示。

9.3.3 定时开售

商家在即将上架新品的时候,可以通过定时开售活动来为新品预

第 9 章 直播运营：快速完成直播体系的搭建

热引流，吸引用户预约和收藏新品，从而帮助商家了解商品的热度和预估销量。

图 9-30

下面介绍设置定时开售活动的操作方法。

Step 01 进入抖店后台，❶单击"营销"|"更多营销工具"按钮；❷在"提升营销引流 UV"板块中单击"定时开售"按钮，如图 9-31 所示。

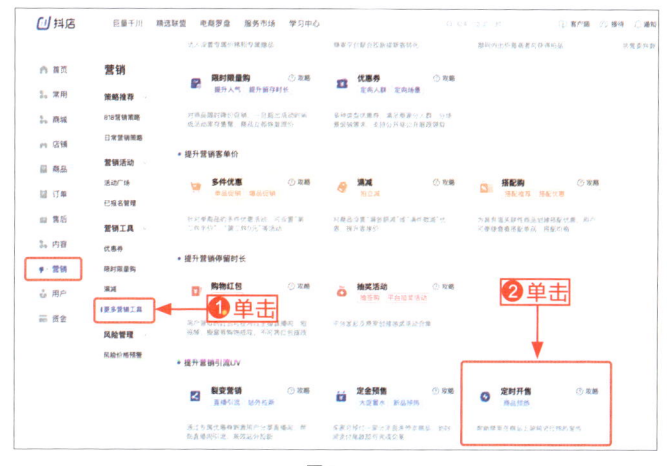

图 9-31

Step 02 执行操作后，进入相应界面，单击"添加商品"按钮，如图 9-32 所示。

图 9-32

Step 03 执行操作后，弹出"添加商品"窗口，在此可以通过商品 ID、商品名称或上架状态来查询商品，如图 9-33 所示。运营者选中相应商品前的复选框，单击页面最下方的"提交"按钮，即可添加活动商品。

图 9-33

图 9-34 所示为用户端的定时开售活动展示效果。可以看到，在商品详情页中会显示开售时间、开售价格和当前的预约人数，用户点击"开售提醒"按钮即可进行预约，此时"开售提醒"按钮变为"已预约"按钮，

并显示"预约成功！开售前将通过推送提醒您"，平台会在商品开售前3天、开售前1天和开售前10分钟，分别以站内短信的形式通知用户。

图 9-34

对于商家来说，开展定时开售活动不仅可以通过用户的预约数据来了解商品热度，还可以营造出商品的稀缺氛围，同时能够通过平台的用户召回功能提高直播间或商品橱窗的流量。

9.3.4 拼团活动

拼团活动是指用户在购买某个活动商品时，可以通过分享直播间的方式邀请其他用户一起购买，当商品总体售卖件数符合条件后即可成团，同时能够享受优惠价格。拼团活动的主要优势如图 9-35 所示。

拼团活动的主要优势：
- 用户可以通过更低的价格下单，有助于提高转化率
- 用户下单后会分享直播间，能带来额外流量和订单
- 通过设定成团人数，让商家在让利的同时获得收益

图 9-35

下面介绍设置拼团活动的操作方法。

Step 01 进入抖店后台，❶单击"营销"|"更多营销工具"按钮；❷在"提升营销转化率"板块中单击"拼团"按钮，如图 9-36 所示。

图 9-36

Step 02 执行操作后，即可进入"拼团"页面，单击"立即创建"按钮，如图 9-37 所示。

图 9-37

Step 03 进入"创建活动"页面，在此可以设置活动名称、活动时间、成团数量、是否开启自动成团以及订单取消时间等选项，如图 9-38 所示。其中，成团数量的设置范围为 2～10，当拼团的用户达到该数量时，将会成团；"开启自动成团"复选框默认被选中，并且无法取消，即便拼团活动结束时未达到成团数量，也可以视为拼团成功；订单取消时间是指用户提交订单后如果一直没有付款，此时系统自动取消订单的时间，建议设置为 5 分钟。

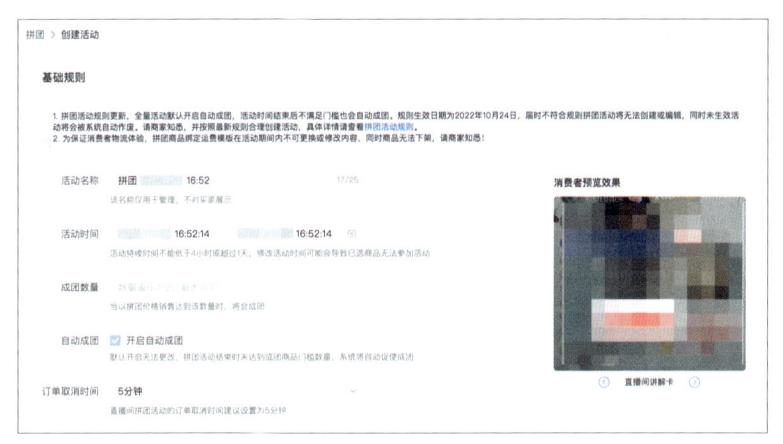

图 9-38

Step 04 在"创建活动"页面下方的"选择商品"选项区中，单击"添加商品"按钮，添加要参与活动的商品，如图 9-39 所示。同时，商家还可以基于 SKU（stock keeping unit，库存量单位）维度来选择哪些 SKU 参加、哪些 SKU 不参加，设置完成后，单击"提交"按钮，即可创建拼团活动。

图 9-39

9.3.5 超级福袋

超级福袋是直播间带货的一种营销互动工具，能够帮助运营者实现规范化的抽奖流程。开启超级福袋活动后，该活动将会以商品的形式出现在直播间的购物车中，运营者可以通过口播的方式引导用户完成各种任务，如达到一定浏览时长或发送指定口令等来获取抽奖资格，活动展示效果如图 9-40 所示。

图 9-40

运营者要想设置超级福袋活动，首先要开通超级福袋功能。而开通超级福袋功能则需要运营者的达人账号满足两个条件：一是达人带货口碑分大于或等于 4.4 分；二是达人的等级要大于或等于 L2。运营者可以用达人身份进入巨量百应后台，❶在"直播管理"页面中单击"营销管理"|"超级福袋"按钮，进入"开通超级福袋功能"页面；❷查看达人账号是否满足开通条件，如图 9-41 所示。

第 9 章 直播运营：快速完成直播体系的搭建

图 9-41

> **特别提醒**
> 如果达人的账号已经满足了开通条件，但在"开通超级福袋功能"页面中依然显示无法开通，主要有两个原因。一是达人可能是用抖音火山账号登录的，这种情况下数据难以同步，因此达人一定要用抖音账号进行登录。二是可能由于系统更新数据有延迟，达人可以晚点或者隔一天再进行操作。

如果达人账号还不满足条件，则需要继续提高账号的带货口碑分和等级。如果达人的账号满足开通条件，则在"开通超级福袋功能"页面中选中"我已阅读并同意《'超级福袋'互动功能服务协议》"复选框，并单击"立即开通"按钮，即可完成超级福袋功能的开通。

开通超级福袋活动后，运营者先要进入"奖品池"选项卡创建奖品。创建奖品后，切换至"抽奖活动"选项卡，单击"创建活动"按钮，弹出"创建抽奖活动"对话框，如图 9-42 所示。

171

图 9-42

　　在"创建抽奖活动"对话框中可以设置中奖条件、开奖时间、兑奖截止时间等抽奖信息，并选择相应的抽奖活动奖品。其中，中奖条件包括"到点开奖""看播任务""评论任务""粉丝团任务"等类型。设置完成后，单击"发布"按钮，即可创建超级福袋活动。

Chapter 10

第10章
粉丝运营：
将更多用户变成
你的铁粉

通常来说，直播间的人气越高，运营者获得的收益也会越多。因此，进行粉丝运营，让直播间获得更高的人气，是很多运营者都非常重视的一项工作。本章，笔者就为大家介绍粉丝运营的相关技巧，帮助大家有效地提高收益率。

10.1 找准粉丝人群

每个账号面对的粉丝人群都不尽相同，运营者与其将所有用户作为宣传对象，还不如通过用户定位找准粉丝人群，并有针对性地进行宣传推广。本节将重点讲解用户定位的相关技巧，帮助运营者更好地找准粉丝人群，进行针对性的宣传。

10.1.1 了解粉丝特点

通常来说，抖音粉丝可分为 4 类，即非粉（普通用户）、轻粉（关注了运营者账号的粉丝）、中粉（加入运营者的粉丝群并进行购物的用户）和铁粉（在运营者的账号中完成多次购物的用户），一个普通用户从非粉到铁粉往往需要经过 3 个阶段。图 10-1 所示为抖音粉丝演变的几个阶段。

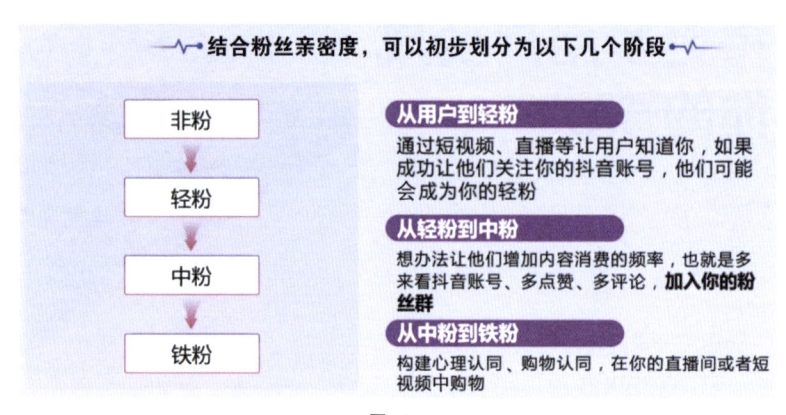

图 10-1

另外，不同阶段的粉丝与运营者的情感及互动关系是有所差异的。通常来说，从非粉到铁粉，与运营者的情感联系及互动逐渐增加。图 10-2 所示为不同阶段的粉丝与作者（即运营者）的情感与互动关系。因此，在做用户定位时，运营者可以根据粉丝类型采取不同的措施。

第 10 章 粉丝运营：将更多用户变成你的铁粉

> **特别提醒** 运营者可以根据自身要达到的目标来进行用户定位，找准用户的需求，从而更好地获利。例如，运营者要将非粉变成轻粉，可以了解非粉的需求，为其提供有价值的内容或商品，让其主动添加关注。

不同阶段粉丝与作者的情感与互动关系

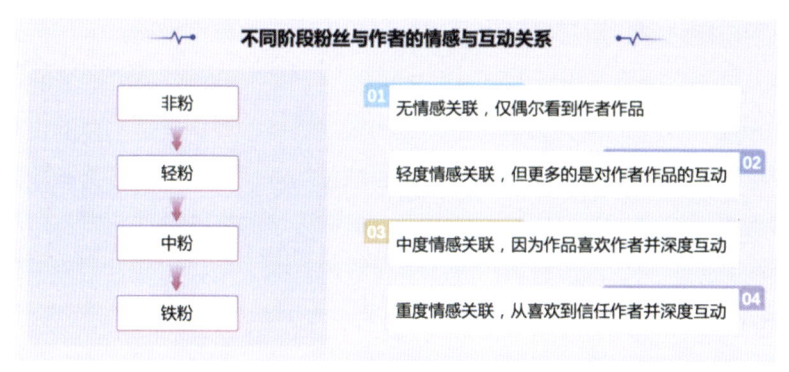

- 非粉 —— 01 无情感关联，仅偶尔看到作者作品
- 轻粉 —— 轻度情感关联，但更多的是对作者作品的互动 02
- 中粉 —— 03 中度情感关联，因为作品喜欢作者并深度互动
- 铁粉 —— 重度情感关联，从喜欢到信任作者并深度互动 04

图 10-2

10.1.2 了解粉丝的行为路径

运营者要想引导直播间粉丝进行购物，就要对直播间粉丝的行为路径有所了解。通常来说，直播间粉丝的行为路径主要包括 4 个关键点，如图 10-3 所示。

直播间粉丝行为路径

- 直播流量：通过免费、付费等方式获取流量进入直播间
- 粉丝停留：用户进入直播间后平均停留多长时间
- 粉丝互动：用户是否在直播间发生点赞、评论等互动行为
- 购买消费：用户进行点击购物车、付款等消费行为

图 10-3

另外，粉丝的成长会呈现周期性的变化，运营者要想对直播间粉

175

丝的行为路径进行引导，就要根据粉丝的生命周期来采取对应的举措。

10.1.3　倒推粉丝人群

通常来说，粉丝人群会因为某个人设而关注抖音账号，所以在进行用户定位时，运营者可以通过账号的人设定位来倒推粉丝人群，即用人设来分析账号粉丝人群的相关信息。

当然，不同的人设具有不同的势能（势能的原意是指物体的位置或位形具有的能量，这里是指与粉丝地位的对比，例如，低势能即运营者摆低自己的姿态），运营者可以根据人设的势能来判断自身与粉丝的关系。例如，运营者树立的是讨好粉丝的人设，那么就相当于是摆低自己的姿态，用心来讨好粉丝人群。

除了人设定位，运营者还可以通过内容设定倒推粉丝人群。通过内容设定倒推粉丝人群，就是通过账号中发布的内容来分析粉丝人群的相关信息。图10-4所示为"粉丝人群-内容倒推法"的相关介绍。例如，运营者发布的是教粉丝做菜的内容，吸引到的粉丝就是对美食感兴趣的人群。

图10-4

10.1.4　找准粉丝需求

很多数据分析平台中都可以看到抖音账号的相关分析，运营者可

第 10 章 粉丝运营：将更多用户变成你的铁粉

以通过账号分析来找准粉丝的需求。以蝉妈妈平台为例，运营者可以通过如下步骤对粉丝的相关信息进行分析，并找准粉丝的需求。

Step 01 进入蝉妈妈平台，❶在搜索栏中输入抖音账号关键词；❷单击 Q 按钮，如图 10-5 所示。

Step 02 操作完成后，选择搜索结果中的对应抖音号，如图 10-6 所示。

Step 03 操作完成后，进入抖音号数据的"基础分析"页面，单击页面中的"粉丝分析"按钮，如图 10-7 所示。

图 10-5

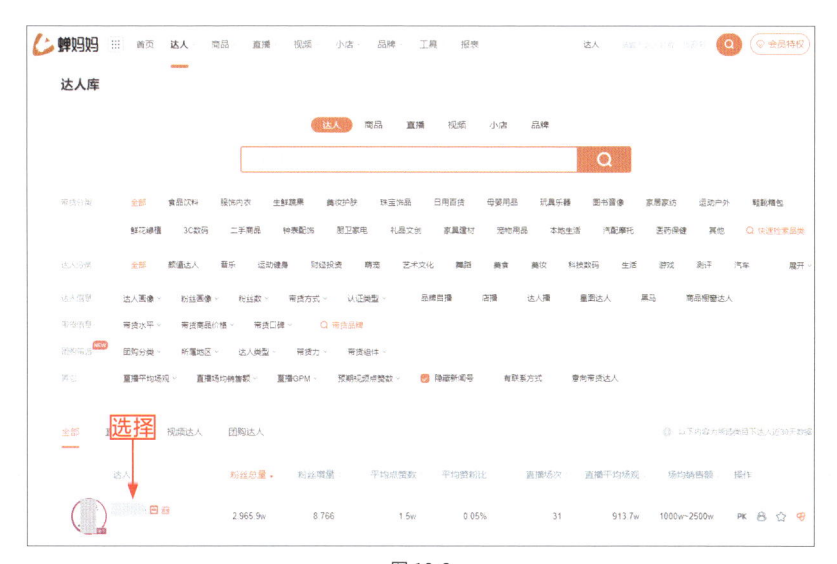

图 10-6

图 10-7

Step 04 执行操作后，即可进入"粉丝分析"页面，查看"粉丝趋势""粉丝团趋势""粉丝画像"等相关信息，如图 10-8 所示。

图 10-8

Step 05 在"粉丝画像"板块中，单击对应的按钮，即可查看视频或直播观众画像（这里可以将观众视为账号粉丝，因为这其中的绝大部分观众都是该账号的粉丝）。例如，运营者单击"直播观众"按钮，即可查看该账号观众的分布情况，如图 10-9 所示。

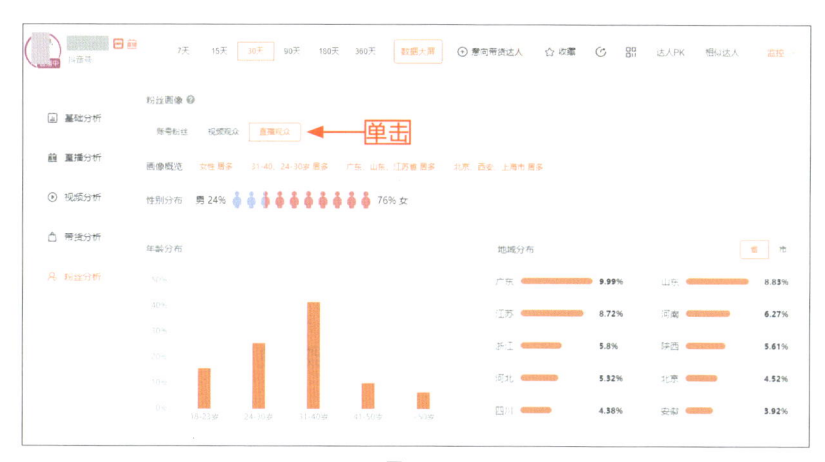

图 10-9

Step 06 除此之外，运营者还可以滑动页面，查看直播观众购买意向和全部品类价格偏好，如图 10-10 所示。

图 10-10

了解了粉丝人群的基本信息和购买意向之后，运营者便可以有针对性地为粉丝人群提供内容和商品，让更多普通用户成为粉丝，让更多粉丝愿意下单购买商品。

10.2 进行粉丝管理

找准了粉丝人群之后，运营者还需要进行粉丝管理，让粉丝，甚至是普通用户成为你的朋友。这一节，笔者就来讲解粉丝管理的一些技巧，帮助运营者更好地培养出高黏性的铁粉。

10.2.1 掌握增粉技巧

粉丝管理的关键一步就是让"路人"（即普通用户）变成粉丝。下面，笔者就来介绍让"路人"变成粉丝的技巧。

通常来说，运营者可以通过发布短视频来引导关注。当然，如果只是单纯地请求用户关注，很可能难以获得理想的效果。此时，运营者便需要给用户一个关注的理由。

例如，某运营者在发布引导关注短视频时，便给了用户一个关注的理由——"关注我学习更多小妙招"，如图 10-11 所示。

图 10-11

另外，为了提高用户的关注意愿，运营者还可以适当地为用户提供一些关注福利。图 10-12 所示为某抖音账号发布的短视频，可以看到该短视频便是通过关注参与抽奖来吸引用户关注的。许多用户看到关注可以获得抽奖机会之后，自然就会更愿意点击关注了。

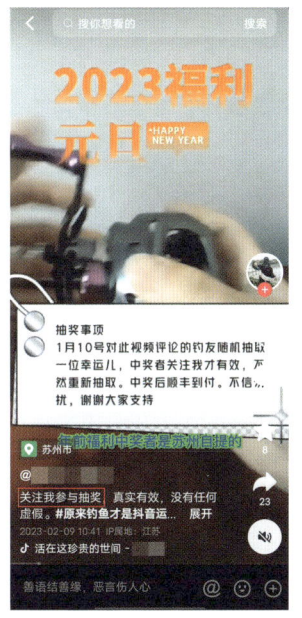

图 10-12

10.2.2 提高粉丝的留存

对于运营者来说，让更多粉丝愿意停留在你的直播间，不仅可以提高直播间的热度，还可以获得更高的销量。那么，怎样让更多粉丝愿意停留在你的直播间呢？下面，笔者就来介绍一些技巧。

运营者要让粉丝停留在直播间，先要将粉丝吸引进直播间。对此，运营者可以通过预热视频的制作与传播来增加直播的曝光度。当然，在制作预热视频的过程中，运营者需要通过内容策划增加直播对粉丝的吸引力，让粉丝看到预热视频之后，更愿意点击查看你的直播。

粉丝通过预热短视频进入直播间之后，可能会根据直播间布置决定是否要停留。如果直播间比较杂乱，丝毫看不到专业性，粉丝可能会选择离开直播间。那么，要如何布置直播间呢？运营者需要在开播之前就做好直播间的布置，让直播间看起来更加符合直播的主题。

进入直播间之后，粉丝除了看直播间布置，还会关注主播的形象。因此，运营者需要注重主播形象的打造，让粉丝觉得主播是专业的。具体来说，主播的穿着打扮与账号定位和自身的人设应该是一致的。例如，销售运动服的账号中，主播应该穿自己店里的运动服出境，而不适合穿其他品牌的休闲装。

形象更多体现的是主播的外在条件，而表达技巧则是主播内在专业性的体现。主播的表达不仅会影响粉丝的停留意愿，还会影响粉丝的购买需求。因此，主播的表达要有引导性，要能够吸引更多粉丝下单购买购物车中的商品。

很多粉丝都希望能在直播间购买到价格更低的商品，对此，运营者可以通过福利吸引，让粉丝停留在直播间，甚至是引导粉丝完成购物。当然，运营者要想通过福利吸引增强粉丝的停留意愿，还需要适当地给粉丝发放一些福利，并适当强调福利的力度，让粉丝舍不得离开你的直播间。

有时候直播间的人比较多，又有很多粉丝喜欢通过评论来表达自己的意愿。因此，当部分粉丝进入直播间之后，可能会觉得评论内容很乱。对此，运营者可以通过弹幕控评来为粉丝提供一个良好的沟通氛围，让粉丝愿意持续停留在直播间。具体来说，运营者可以通过评论区预告直播内容、引导直播话题来进行直播控评。

10.2.3 提醒粉丝观看直播

直播是提高运营者与粉丝亲密度的重要手段，为了让更多粉丝变成朋友，运营者需要提前告知直播时间，并让更多粉丝准时观看你的直播。下面，笔者就来介绍几个告知粉丝直播时间，提醒粉丝准时观看直播的技巧。

首先，运营者可以设置抖音账号的名字，并在名称中写明直播时间，这样粉丝一看到账号的相关信息，就知道何时会进行直播了。图 10-13 所示为两个在抖音账号名称中写明直播时间的账号主页。

图 10-13

其次，运营者还可以在账号简介中列出直播时间。图 10-14 所示为在账号简介中列出直播时间的账号主页。

图 10-14

最后，运营者还可以发布直播预告短视频，在短视频中说明直播时间，如图 10-15 所示。

10.2.4 提升粉丝黏性

直播间观众大致可以分为 4 个层级，即路人、粉丝、粉丝团（成员）和超粉团（成员），每个层级的观众在直播间中的黏性不尽相同，如图 10-16 所示。

183

图 10-15

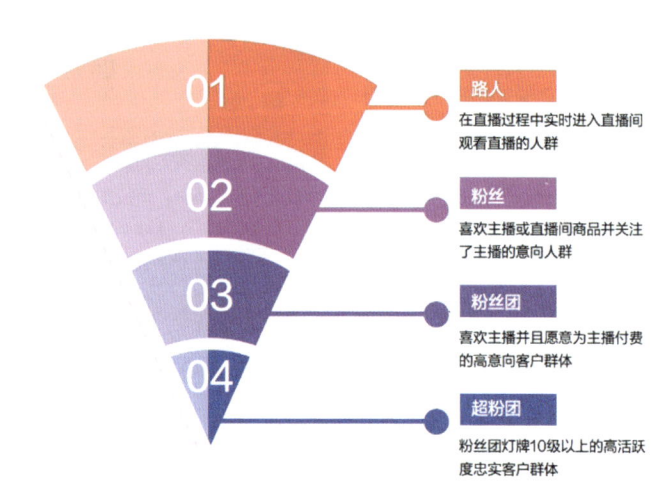

图 10-16

通常来说，路人在直播间中的黏性最弱，超粉团（成员）在直播间中的黏性最强。而运营者需要做的就是培养高黏性的直播粉丝人群，让更多粉丝成为你的超粉团（成员）。

那么，什么是高黏性的粉丝呢？笔者认为，高黏性的粉丝主要有 5 个表现，具体如下。

（1）开播第一时间进入直播间。

（2）直播间发言活跃度极高。

（3）时刻维护主播利益。

（4）直播间停留时间长。

（5）复购率极高。

那么，运营者应如何将普通粉丝培养成高黏性的粉丝呢？关键就在于培养粉丝的"三感"，即存在感、归属感和专属权益感，如图 10-17 所示。

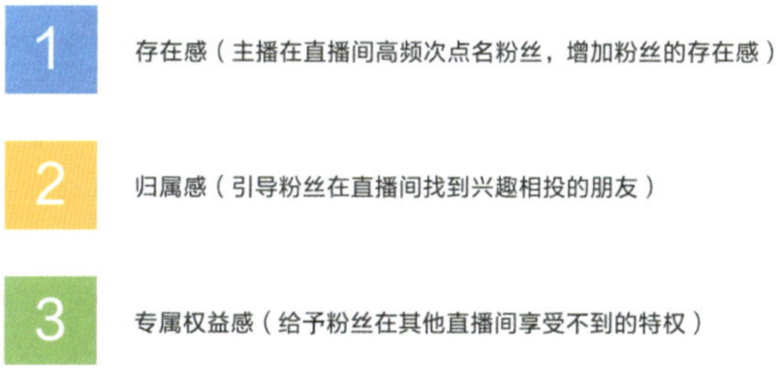

1　存在感（主播在直播间高频次点名粉丝，增加粉丝的存在感）

2　归属感（引导粉丝在直播间找到兴趣相投的朋友）

3　专属权益感（给予粉丝在其他直播间享受不到的特权）

图 10-17

另外，为了增强粉丝的黏性，运营者也需要在直播过程中多举办一些活动。当然，在举办活动时，运营者也要把握好一些要点，例如，降低活动的参与门槛、增强活动的互动性、强调活动中粉丝团成员的特权等。

10.2.5　引导粉丝加团

抖音直播中有一个"粉丝团"功能，运营者可以借助该功能引导账号粉丝加入"粉丝团"，成为你的直播间粉丝团成员。有的粉丝可能不知道如何加入直播间"粉丝团"，对此，运营者可以在直播间中对步骤进行说明。具体来说，运营者可以在直播间中展示以下加入直播间"粉丝团"的步骤。

Step 01 在抖音直播间点击直播间界面上方的"关注"按钮,如图 10-18 所示。

Step 02 执行操作后,如果"关注"按钮变成❤按钮,就说明订阅账号成功了,点击❤按钮,如图 10-19 所示。

图 10-18　　　　　图 10-19

Step 03 执行操作后,会弹出该账号的粉丝团对话框,点击对话框中的"加入粉丝团(1 抖币)"按钮,如图 10-20 所示。

Step 04 执行操作后,如果显示"加入成功",就说明已成功成为该账号的粉丝团成员了,如图 10-21 所示。

第 10 章 粉丝运营：将更多用户变成你的铁粉

图 10-20 　　　　　　　　图 10-21

加入抖音直播间的"粉丝团"需要支付 1 抖币（抖音中的虚拟货币），如果粉丝账号中的抖币不够，点击"加入粉丝团"按钮之后，会弹出"当前抖币不足"对话框，如图 10-22 所示。粉丝需要选择对应的金额，点击"立即充值×元"按钮，并完成支付，即可再次返回粉丝团对话框，进行加入操作。

特别提醒

图 10-22

187

10.2.6 提供不同福利

为了获得粉丝的持续支持,运营者可以给予不同等级的粉丝不同福利,让粉丝获得继续支持你的动力。对此,运营者可以参考抖音的"粉丝团"功能,根据粉丝的等级开通新的直播礼物。图 10-23 所示为抖音直播的"粉丝团"板块,可以看到部分直播礼物上方就显示了需要达到的等级。

图 10-23

例如,运营者可以将粉丝分为 3 个等级,第 1 个等级是普通粉丝,该等级的粉丝没有特别的福利;第 2 个等级是高级粉丝,该等级的粉丝可以免费进入粉丝群;第 3 个等级是铁粉,该等级的粉丝可以免费获得干货内容或低价获得商品。

10.3 获得持续关注

粉丝存留会直接影响抖音直播的热度和带货效果,因此运营者很有必要制定策略提高粉丝存留,让粉丝持续关注你的直播。这一节,笔者就为大家介绍获得粉丝持续关注和支持的技巧。

10.3.1 增加接触机会

运营者可以通过社群运营增加与粉丝的接触机会,并将直播信息及时告知粉丝。具体来说,运营者可以利用微信、QQ 等社交软件

第 10 章 粉丝运营：将更多用户变成你的铁粉

创建一个社群，并在抖音账号简介中展示社交账号的联系方式，如图 10-24 所示，将加好友的用户拉进社群中。

图 10-24

除了利用微信、QQ 等社交软件，运营者还可以利用抖音平台创建粉丝群，并将粉丝拉入群中，具体操作步骤如下。

Step 01 使用绑定的抖音号登录抖音 App，点击"我"界面右上方的 按钮，如图 10-25 所示。

Step 02 执行操作后，在弹出的列表框中选择"抖音创作者中心"选项，如图 10-26 所示。

图 10-25   图 10-26

Step 03 执行操作后，进入抖音创作者中心界面，点击界面中的"全部"按钮，如图 10-27 所示。

Step 04 执行操作后，弹出"我的服务"对话框，点击对话框中的"主播中心"按钮，如图 10-28 所示。

图 10-27　　　　　　图 10-28

Step 05 执行操作后，进入"主播中心"界面，点击界面中的"更多功能"按钮，如图 10-29 所示。

Step 06 执行操作后，进入"更多功能"界面，选择界面中的"粉丝群"选项，如图 10-30 所示。

Step 07 执行操作后，进入"粉丝群管理"界面，点击界面中的"立即创建粉丝群"按钮，如图 10-31 所示。

Step 08 执行操作后，即可创建粉丝群，并进入粉丝群界面，如图 10-32 所示，运营者可以邀请粉丝加入。

第 10 章 粉丝运营：将更多用户变成你的铁粉

图 10-29

图 10-30

图 10-31

图 10-32

191

10.3.2 提高内容的吸引力

如果运营者能增加内容的视觉吸引力,那么便可以将粉丝吸引过来,获得粉丝的持续关注。

例如,某抖音直播间用较大的字号显示了"拍一发三"这个重点信息,也正是因为被该信息吸引,很多用户会主动进入直播间,观看直播内容,如图 10-33 所示。

图 10-33

10.3.3 提供干货内容

粉丝在观看直播时,对内容会有一定的要求,如果直播内容对自己没有价值,粉丝可能不会停留。因此,运营者要在直播中多提供一些干货内容,让粉丝觉得持续观看直播是值得的。

图 10-34 所示为某抖音直播间的相关画面,该直播间就是通过干货内容来吸引粉丝的持续关注。具体来说,该直播间为粉丝分享了鞋

子的编织方法,让有兴趣的粉丝可以购买直播间中的材料,并自己动手编织鞋子。

图 10-34

Chapter 11

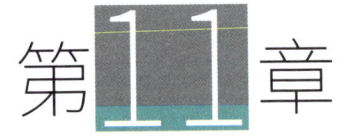

第 11 章
直播带货：轻松实现年赚百万的梦想

在通过直播带货的过程中，运营者可以借助一些技巧提高自身的带货能力，以获得更多收益。本章，笔者就为大家讲解一些常见的带货技巧，让普通运营者也能快速成长为千万 GMV 的运营者。

11.1 掌握选品技巧

在通过抖音直播带货的过程中，运营者可以通过选品方法选择合适的商品，并将其添加至商品橱窗中。本节，笔者就为大家讲解抖音选品的常见方法，帮助大家快速找到合适的商品。

11.1.1 根据优势选品

在抖音账号的运营过程中，运营者可能会获得一些优势，如图 11-1 所示。在通过抖音直播带货的过程中，运营者可以根据自身的优势来选择适合自己的品类，这样用户会更愿意购买你的商品，而你获得的收益也会更有保障。例如，美食博主可以选择将食品饮料类商品添加至抖音直播间中进行带货。

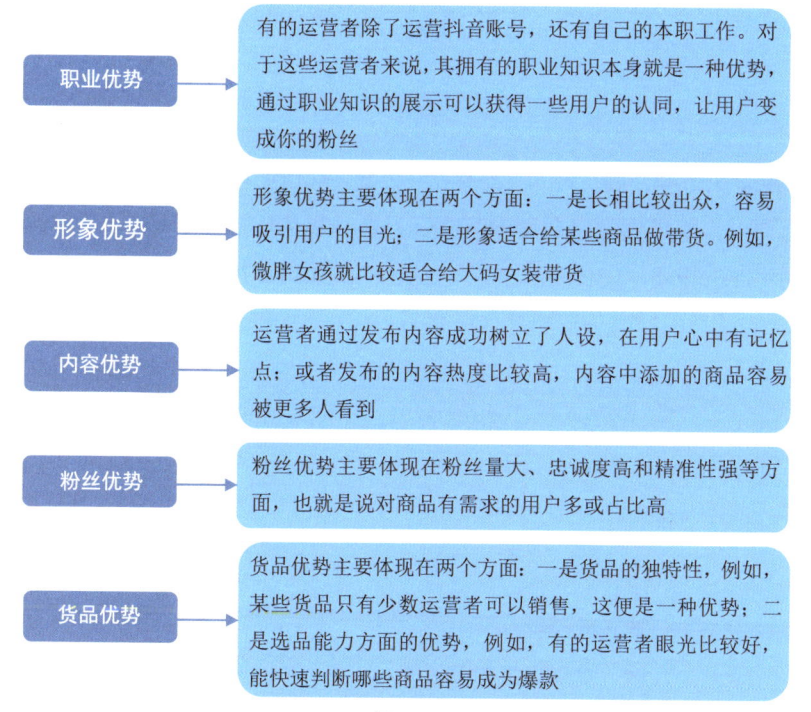

职业优势	有的运营者除了运营抖音账号，还有自己的本职工作。对于这些运营者来说，其拥有的职业知识本身就是一种优势，通过职业知识的展示可以获得一些用户的认同，让用户变成你的粉丝
形象优势	形象优势主要体现在两个方面：一是长相比较出众，容易吸引用户的目光；二是形象适合给某些商品做带货。例如，微胖女孩就比较适合给大码女装带货
内容优势	运营者通过发布内容成功树立了人设，在用户心中有记忆点；或者发布的内容热度比较高，内容中添加的商品容易被更多人看到
粉丝优势	粉丝优势主要体现在粉丝量大、忠诚度高和精准性强等方面，也就是说对商品有需求的用户多或占比高
货品优势	货品优势主要体现在两个方面：一是货品的独特性，例如，某些货品只有少数运营者可以销售，这便是一种优势；二是选品能力方面的优势，例如，有的运营者眼光比较好，能快速判断哪些商品容易成为爆款

图 11-1

11.1.2 根据排行榜选品

通常来说，很多数据分析平台都有一些与商品相关的排行榜，商家和运营者可以参考这些排行榜进行选品，选择受用户欢迎的商品进行带货。下面，笔者就以蝉妈妈平台为例，为大家讲解查看排行榜的操作方法。

Step 01 进入蝉妈妈平台，❶选择"商品"选项卡；❷在弹出的页面中单击"直播商品榜"按钮，如图 11-2 所示。

图 11-2

Step 02 执行操作后，进入"商品榜"页面，并自动切换至"直播商品榜"选项卡，如果运营者要查看某类商品在直播中的销量，可以单击该类别对应的按钮，如"生鲜蔬果"按钮，如图 11-3 所示。

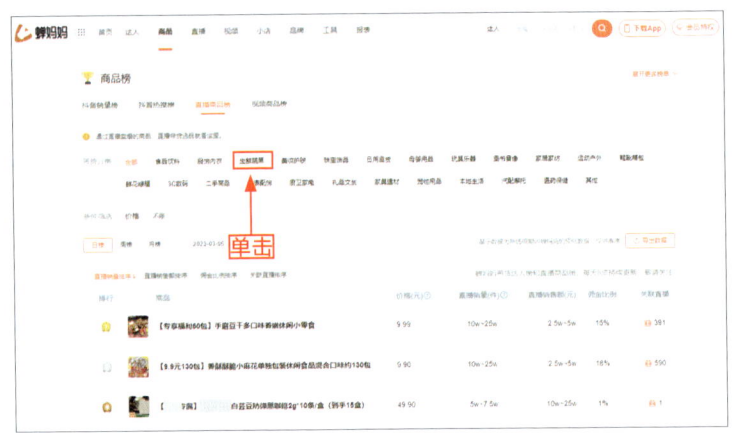

图 11-3

第 11 章 直播带货：轻松实现年赚百万的梦想

Step 03 执行操作后，即可查看生鲜蔬果类商品的直播销量排行情况，如图 11-4 所示。

图 11-4

Step 04 除"直播商品榜"之外，运营者还可以通过其他榜单来选择带货商品。具体来说，运营者可以切换至"抖音销量榜"选项卡，查看一段时间内抖音平台的商品销量排名情况，如图 11-5 所示。

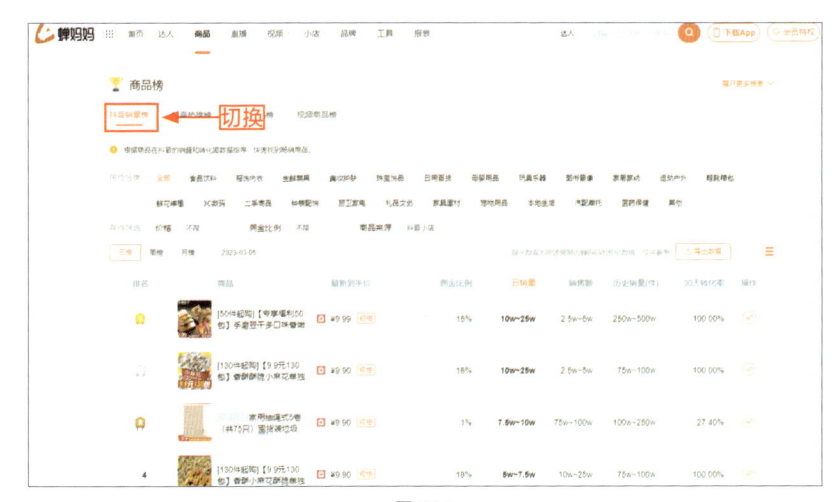

图 11-5

197

Step 05 如果运营者要了解哪些商品比较受带货达人的欢迎，可以切换至"抖音热推榜"选项卡，查看哪些商品受到了很多带货达人的推荐，如图 11-6 所示。

图 11-6

Step 06 除了查看商品榜，运营者可以单击页面右上方的"展开更多榜单"按钮，在展开的列表中单击相应榜单进行查看，了解更多商品和达人数据，如单击"今日带货榜"按钮，如图 11-7 所示。

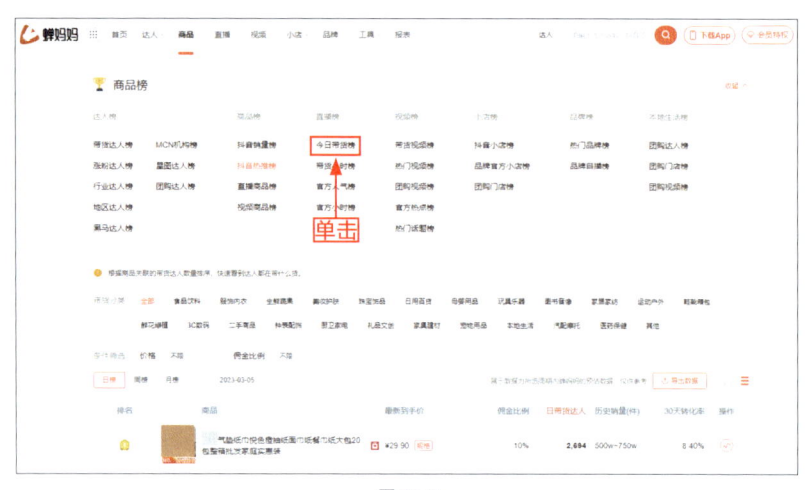

图 11-7

Step 07 执行操作后，运营者可以查看当天各个直播间和达人的销售额排名情况，如图 11-8 所示。

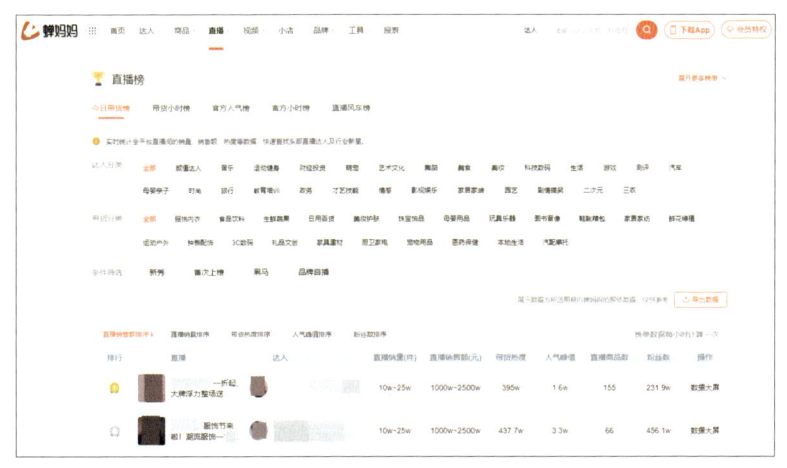

图 11-8

特别提醒　运营者可以单击图 11-8 中带货达人的抖音号名称或头像，进入该账号"卖货分析"页面的"商品列表"板块，查看其卖货商品的相关数据。

11.1.3　根据店铺评分选品

部分用户在选择商品时，可能会比较看重商品所在店铺的评分，如果店铺评分太低，用户可能会觉得该店铺销售的商品不太靠谱。对此，运营者可以查看店铺评分，并选择评分较高的店铺中的商品进行带货。

在"我"界面中点击"商品橱窗"按钮，进入"商品橱窗"界面，点击"选品广场"按钮，进入"抖音电商精选联盟"界面，查看相应的店铺评分。

Step 01 在"抖音电商精选联盟"界面的搜索框中输入商品关键词，对商品进行搜索，点击搜索结果中对应商品的所在位置，如图 11-9 所示。

Step 02 执行操作后，即可进入商品推广信息界面，运营者可以在商品标题的下方查看商家体验分，如图 11-10 所示。

Step 03 除了商家体验分，运营者还可以查看店铺的其他评分情况。具体来说，运营者只需向下滑动界面，即可在店铺名称的下方查看其商家体验分、商品体验分、物流体验分和商家服务分，如图 11-11 所示。

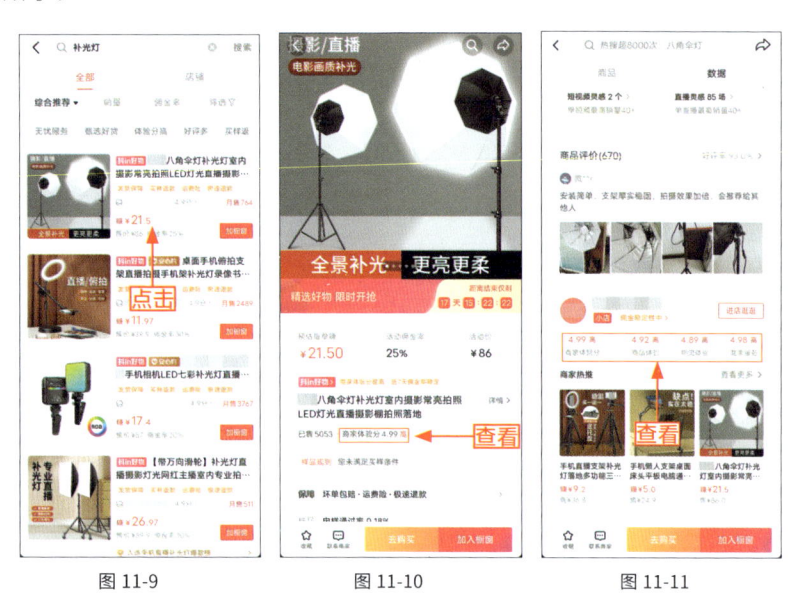

图 11-9　　　　　图 11-10　　　　　图 11-11

11.1.4　根据用户评价选品

　　运营者可以查看用户对商品的评价，并选择好评率较高的商品进行带货。具体来说，运营者可以通过如下操作查看用户对商品的评价。

Step 01 进入某商品的推广信息界面，点击"商品评价"板块右侧的"好评率 ××.×%"按钮，如图 11-12 所示。

Step 02 执行操作后，即可进入"商品评价"界面，查看用户对商品的具体评价，如图 11-13 所示，运营者可以选择用户评价比较好的商品进行橱窗卖货。

图 11-12　　　　　　　图 11-13

11.2　掌握卖货 5 步法

可能很多人还是不知道如何更好地进行抖音直播带货，本节笔者就来介绍直播带货的 5 个步骤，帮助新人运营者更快地提高直播的成交率。

11.2.1　取得用户信任

抖音中的直播间有很多，为什么用户会选择在你的直播间购买商品呢？那是因为用户信任你。所以，在直播带货的过程中，我们需要建立与用户之间的信任。具体来说，运营者可以从以下几点获得更多用户的信任。

1．维持老客户的复购率

经营服务好老客户，给予优惠福利，调动这部分用户的购买积极性，借助老客户来挖掘更多潜在的客户。

2. 提供详细全面的商品信息

如果你在直播中对商品信息介绍得不够详细、全面，用户可能会因为对商品了解不够而放弃下单。所以，在直播带货的过程中，运营者要从用户的角度对商品进行全面、详细的介绍，必要时可以利用认知对比原理，将自身商品与其他店家的商品进行比较。例如，在包包销售直播中，可以将正品与市场上的假货进行比较，向用户展示自身商品的优势，让用户在对比中提高对商品的认知。

3. 提供可靠的交易环境

在直播交易中，商家提供的交易方式也会影响用户的信任度，一个安全可靠的交易平台会让用户在购买商品时更放心，所以商家和运营者需要向用户确保你们的交易是安全可靠的，不会出现欺诈、信息泄露等情况。

4. 进行有效的交流沟通

在直播时运营者应该认真倾听用户的提问，并进行有效的交流和解答。如果用户对商品的提问被运营者忽视了，用户就会产生不被尊重的感觉。所以，主播在进行直播带货时，需要给予用户适当的回应，表示对用户的尊重。

对此，运营者可以专门聘用小助手负责直播答疑。小助手可以任用多名以分工合作，这样更有利于直播间的有序管理。

5. 建立完善的售后服务

完善的售后服务可以为企业建立良好的口碑，同时也是影响用户信任度的重要因素。用户购买完商品后，可能会遇到一些问题，作为商家代表的运营者应该及时处理,避免影响用户的购物体验和信任度。

11.2.2 塑造商品价值

决定用户购买商品的因素除了信任，还有商品的价值。在马克思主义理论中，商品具有使用价值和属性价值，如图 11-14 所示。

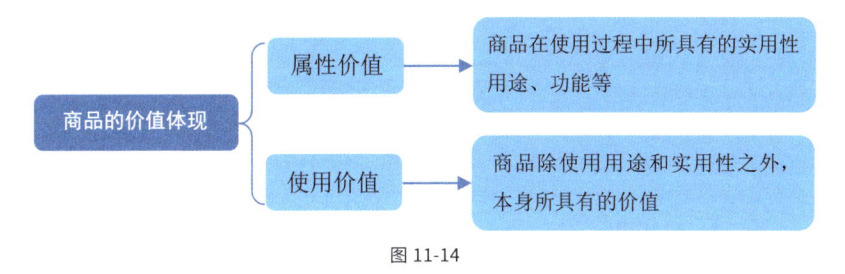

```
商品的价值体现 ─┬─ 属性价值 ──→ 商品在使用过程中所具有的实用性用途、功能等
                └─ 使用价值 ──→ 商品除使用用途和实用性之外，本身所具有的价值
```

图 11-14

商品的价值塑造可分为两个阶段：一为基础价值，即商品的选材、外形、功能、配件、构造和工艺等；二为价值塑造，即展示商品的独特性、稀缺性、优势性和利益性。在直播中我们可以通过如下方法塑造商品的价值。

1．商品的独特性

商品的独特性主要体现在商品的设计和造型上，商品独特性的塑造可以让商品区别于其他同类商品，凸显出该商品的与众不同。当然，在直播带货中，商品独特性的塑造必须要紧抓用户的购买需求。例如，某化妆品的功效是改善女性肌肤表皮，直播时就可以紧紧围绕女性想要改善肌肤的需求进行独特性塑造。

2．商品的稀缺性

商品的稀缺性体现在市场上供应量小，或者供不应求。对于这样的商品，运营者可以重点做好数据的收集，让用户明白能买到该商品的机会不多。这样一来，用户为了获得商品，就会更愿意在直播间下单。

3．商品的优势性

商品的优势性可以是商品的先进技术优势，这主要体现在研发创新的基础上。例如，手机或其他电子商品的直播带货中，可以借助商品的技术创新进行价值塑造，这甚至可以是刷新用户认知的商品特点，给用户制造惊喜，并超出用户的期望值。

除此之外，运营者还可以基于商品的造型优势进行销售，例如，包包的直播带货中，小型包包可以强调轻巧便捷；中等型号的包包可以强调适合放置手机以及钱包、口红，并且具有外形独特、百搭、适合拍照等特点；较大型的包包可以强调容量大，可放置化妆品、雨伞，并且适合短期旅行。这些都是从不同商品的特点出发，表达不同优势。

4．商品的利益性

商品的利益性是指商品与用户之间的利益关系，商品的利益价值塑造需站在用户的角度进行分析。例如，在进行家电直播时，运营者可以强调商品给用户生活带来的便捷之处。

以上塑造价值的方法都是基于商品本身的特点所营造的。除此之外，运营者还可以通过赋予商品额外价值的方法来实现商品价值的塑造，赋予商品额外价值的方法有两种，如图 11-15 所示。

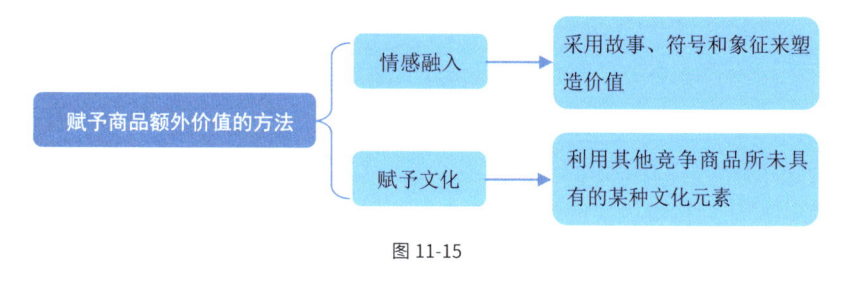

赋予商品额外价值的方法
- 情感融入 → 采用故事、符号和象征来塑造价值
- 赋予文化 → 利用其他竞争商品所未具有的某种文化元素

图 11-15

11.2.3 了解用户需求

在直播带货的过程中，需求是用户决定下单购买商品的重要因素。需求分为两大类，一类是直接需求，也就是所谓的用户痛点，如用户在购买时表达的想法，需要什么样的商品类型，这就是直接需求。

另一类则是间接需求，这类需求分为两种。一种是潜在需求，运营者在卖货过程中可以引导用户的潜在需求，激发用户的购买欲望，潜在需求可能是用户没有明确表明的，或者是语言上不能表明清晰的；另一种是外力引起的需求，由于环境等其他外力因素促使用户产生的需求。

在进行带货的过程中，商家和运营者不能只停留于用户的直接需求，而应该了解用户的间接需求。如何了解用户的间接需求呢？笔者认为可以从以下角度出发。

1. 客观分析用户的表达

当用户通过评论在直播间提问时，运营者需要客观分析用户的言语，思考用户真正所需要的商品。可能用户本身也不清楚自己所需要的商品，此时运营者就可以通过直播进行引导。

2. 选择与用户相符合的商品

每件商品都有其所针对的用户群体，你推荐的商品与用户相匹配，就能引起用户的共鸣，满足用户的需求。例如，高端品牌的抖音直播可能更加符合高消费人群的喜好，这类用户在购物时可能更注重商品的设计感和时尚感，在商品价格上则不太重视。因此，运营者可以在把握这类群体的心理特征基础上，重点分析和讲述商品。

11.2.4 根据需求推荐

了解了用户的需求之后，便可以根据用户的需求推荐商品了。当直播弹幕中表达需求的用户比较少时，运营者甚至可以进一步询问用户对商品的具体要求，如用户是否对材质、颜色和价格等有要求。

确定了用户的具体需求之后，运营者还可以通过直播向用户展示商品的使用效果，并对商品的细节设计进行说明，让用户更好地看到商品的优势，从而提高用户的购买欲望。

11.2.5 促使用户下单

根据需求推荐商品之后，运营者可以通过限时和限量销售营造紧迫感，让用户产生抢购心理，促使用户下单。

1. 通过限时营造紧迫感

运营者可以制造时间上的紧迫感，例如，进行商品的限时抢购、限时促销等。通常来说，这类商品的价格相对比较实惠，所以往往也能获得较高的销量。

除此之外，运营者还可以通过直播标题制造时间上的紧迫感。例如，可以将"限时抢购"等词汇直接写进直播标题里。

2. 通过限量营造紧迫感

运营者可以限量为用户提供优惠，限量的商品通常也是限时抢购的商品，但是也有可能是限量款，还有可能是清仓断码款。因为这类商品的库存比较有限，所以对商品有需求的用户会快速下定购买的决心。

11.3 掌握卖货技巧

在抖音直播中，运营者主要是通过直播购物车向用户展示和销售商品，因此商品的转化率也会与自身的收益直接挂钩。这一节，笔者就为大家介绍几个提高直播带货转化率的技巧，帮助大家提高直播带货收益。

11.3.1 树立良好形象

在用户消费行为日益理性化的情况之下，口碑的建立和积累可以为直播带货带来更好的效果。建立口碑的目的就是为品牌树立一个良好的正面形象，并且口碑的力量会在使用和传播的过程中不断加强，从而为品牌带来更多的用户流量，这也是商家都希望用户能好评的原因。

抖音直播中添加的都是抖音小店中的商品，许多用户在购买直播商品时，可能会查看抖音小店的相关评分，以此来决定是否购买抖音直播中推荐的商品。所以，提高店铺的评分就显得尤为重要。

抖音平台中会对抖音小店的商家体验、商品体验、物流体验和商家服务评分。这些评分的高低在一定程度上会影响用户的购买率。评分越高，用户的体验感越好，则店铺的口碑越佳。

优质的商品和售后服务都是口碑营销的关键，处理不好售后问题会让用户对商品的看法大打折扣，并且降低商品的复购率，而优质的售后服务则能让商品和店铺获得更好的口碑。口碑体现的是品牌和店铺的整体形象，这个形象的好坏主要体现在用户对商品的体验感上，所以口碑营销的重点还是不断提高用户体验感。具体来说，用户的体验感可以从 3 个方面进行改善，如图 11-16 所示。

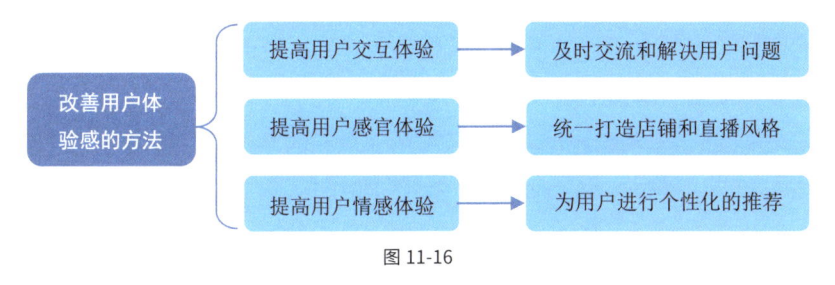

```
                   ┌─ 提高用户交互体验 ──→ 及时交流和解决用户问题
改善用户体          │
验感的方法  ───────┼─ 提高用户感官体验 ──→ 统一打造店铺和直播风格
                   │
                   └─ 提高用户情感体验 ──→ 为用户进行个性化的推荐
```

图 11-16

11.3.2 挖掘商品卖点

商品卖点可以理解成商品的优势、优点或特点，也可以理解为自家商品和别家商品的不同之处。怎样让用户选择你的商品？和别家的商品相比，你家商品的竞争力和优势在哪里？这些都是运营者直播带货过程中要重点考虑的问题。

在观看直播的过程中，用户或多或少会关注商品的某几个方面，并在心理上认同该商品的价值。在这个可以达成交易的时机上，促使用户产生购买行为的就是商品的核心卖点。找到商品的卖点，便可以让用户更好地接受商品，并且认可商品的价值和效用，从而达到提高商品销量的目的。

因此，对于运营者来说，找到商品的卖点，不断地进行强化和推广，通过快捷、高效的方式，将找出的卖点传递给目标用户是非常重要的。

运营者在直播间销售商品时，要想让自己销售的商品有不错的成交率，就需要满足目标受众的需求点，而满足目标受众的需求点是需要通过挖掘卖点来实现的。

但是，如果满足目标受众需求的商品在与其他商品的对比中体现不出优势，那么商品卖点也就不能称之为卖点了。要想使商品的价值更好地呈现出来，运营者需要学会从不同的角度来挖掘商品的卖点。下面，笔者就为大家介绍一些挖掘卖点的方法。

1. 结合当今流行趋势挖掘卖点

流行趋势就代表着有一群人在追随这种趋势。例如，挖掘服装的卖点时，运营者可以结合当前流行趋势找到服装的卖点，这也一直是各商家惯用的营销手法。

例如，当市面上大规模流行莫兰迪色系的时候，在服装的介绍宣传上就可以通过"莫兰迪色系"这个标签吸引用户的关注；当夏天快要来临，女性想展现自己性感身材的时候，销售连衣裙的商家就可以将"穿上更性感"作为卖点。

2. 从商品的质量角度挖掘卖点

商品质量是用户购买商品时的一个关注重点。大部分人购买商品时，都会将商品的质量作为重要的参考要素。所以，运营者在直播带货时，可以重点从商品的质量上挖掘卖点。例如，运营者在挖掘服装的卖点时，可以将商家标明的质量卖点作为直播的重点内容，向用户进行详细的说明。

3. 借助名人效应打造卖点

大众对于名人的一举一动都非常关注，他们希望可以靠近名人的生活，得到心理上的满足。这时，名人同款就成为服装的一个宣传卖点。

名人效应早已在生活中的各方面产生了一定的影响，例如，选用明星代言广告，可以刺激用户消费；明星参与公益活动项目，可以带领更多的人去了解、参与公益。名人效应就是一种品牌效应，可以起到获取更多人关注的作用。

运营者只要利用名人效应来营造、突出商品的卖点，就可以吸引用户的注意力，让他们产生购买的欲望。

11.3.3　展示使用效果

在直播过程中，运营者可以展示使用商品之后带来的改变。这个改变也是证明商品效果的良好方法，只要这个改变是好的，对用户而言是有实用价值的，那么用户就会对你推荐的商品感兴趣。用户在观看直播时如果发现了商品的与众不同，就会产生购买的欲望，所以在直播中展示商品带来的变化是非常重要的。

例如，某销售化妆品的店铺在策划直播内容时，为了突出自家商品的非凡实力，决定通过一次以"教你一分钟化妆"为主题的直播活动来教用户化妆。因为一分钟化妆听起来有些不可思议，所以该直播吸引了不少用户的目光。这场直播不仅通过化妆前后的对比，突出了商品的使用效果，还教会了用户化妆的技巧。因此，这场直播不仅在短时间内吸引了6000多人观看，还获得了数百笔订单。

11.3.4　展示商品差价

俗话说："没有对比就没有伤害。"用户在购买商品时都喜欢"货比三家"，然后选择性价比更高的商品。但是很多时候，用户会因为不够专业而无法辨认商品的优劣。此时，运营者在直播中则需要通过将商品与竞品进行对比，基于专业的角度向用户展示差异化，以增强商品的说服力以及优势。

对比差价是一种高效的直播带货方法，可以带动气氛，激发用户购买的欲望。相同的质量，价格却更为优惠，那么直播间一定会产生高销量。常见的差价对比方式就是将某类商品的直播间价格与其他销售渠道中的价格进行对比，让用户直观地看到直播间商品价格的优势。

例如，某抖音直播间中销售的某款精华的优惠价是662元，如

图11-17所示。此时，运营者便可以在某个电商平台上搜索同款眼霜，展示其价格，让用户看到自己销售的商品的价格优势，如图11-18所示。

图 11-17　　　　　图 11-18

从上面两张图不难看出，该抖音直播间销售的眼霜在价格上有明显的优势。在这种情况下，观看直播的用户就会觉得该直播间销售的眼霜，甚至是其他商品都是物超所值的。这样一来，该直播间的销量便会得到明显的提高。

11.3.5　提供增值内容

在直播过程中要让用户心甘情愿地购买商品，其中比较有效的一种方法是为用户提供增值内容。这样一来，用户不仅获得了商品，还收获了与商品相关的知识或者技能，一举两得，购买商品时自然也会毫不犹豫。

典型的增值内容就是让用户从直播中获得知识和技能。部分抖音直播在这方面就做得很好，例如，一些利用直播进行销售的商家纷纷推出商品的相关教程，给用户带来更多的增值内容。

例如，某销售手工商品的抖音直播间中，经常会向用户展示手工商品的制作过程，并在直播购物车中为用户提供相关的制作材料，如图 11-19 所示。该直播不仅能让用户看到手工商品的制作过程，还会教用户一些制作的技巧。

图 11-19

在运营者制作商品的同时，用户还可以通过弹幕向其咨询制作商品的相关问题，运营者则会耐心地为用户进行解答。这样，用户通过直播不仅得到了商品的相关信息，还学到了商品制作的窍门，对手工制作也有了更多了解。而用户在了解了商品的制作过程之后，就有可能购买运营者制作的商品，或者购买材料试着亲手进行制作。这样一来，直播间商品的销量自然也就提高了。

11.3.6　呈现使用场景

在直播营销中，要想不露痕迹地推销商品，不让用户感到太反感，比较简单有效的方法就是将商品融入场景。这种场景营销类似于植入式广告，其目的在于营销，方法可以多式多样。具体来说，将商品融入场景的技巧如图 11-20 所示。

211

```
                    ┌─ 场景的选择要注意展现商品的优势
将商品融入场景 ─────┼─ 商品的展示与场景衔接上要求自然
    的技巧          └─ 提高运营者在直播中随机应变的能力
```

图 11-20

图 11-21 所示为某铁锅销售直播间的相关画面。在该直播间中，运营者在灶台上展示铁锅开锅和煎饼的过程。因为在日常生活中，许多人在家里都会有开锅和煎饼的需求，所以用户在看到这样的演示场景之后会觉得非常熟悉，就好像直播中开锅和煎饼的人就是自己，这便达到了让用户融入商品使用场景的目的。

图 11-21

因此，用户看到抖音直播中展示的铁锅使用场景之后，就会觉得该铁锅看上去很不错。这样一来，观看直播的用户自然会更愿意购买该款铁锅，而铁锅的销量自然也就提高了。

11.3.7 做好直播预告

确定了直播时间和内容之后,运营者可以先发布直播预告,吸引对该直播感兴趣的人群及时观看直播,增加直播获得的自然流量,从而有效地提高直播商品的转化率。下面,笔者就为大家讲解通过直播预告吸引自然流量的相关技巧。

1. 发布直播预告视频

运营者可以通过抖音的"贴纸"功能,发布带有直播预告信息的短视频,吸引感兴趣的人群观看直播,具体操作步骤如下。

Step 01 在抖音 App 首页的底部点击 ➕ 按钮,如图 11-22 所示。
Step 02 执行操作后,进入"快拍"界面,点击"相册"按钮,如图 11-23 所示。

图 11-22   图 11-23

> **特别提醒** 运营者也可以在"快拍"界面中点击 ⭕ 按钮,拍摄一段视频用来发布。需要注意的是,选择或拍摄的视频最好符合直播的主题,这样才能让用户更直观地了解直播的内容。

Step 03 执行操作后，进入"所有照片"界面，选择要发布的短视频，如图 11-24 所示。

Step 04 执行操作后，进入视频编辑界面，点击右侧的 ⌄ 按钮，在展开的工具栏中点击"贴纸"按钮，如图 11-25 所示。

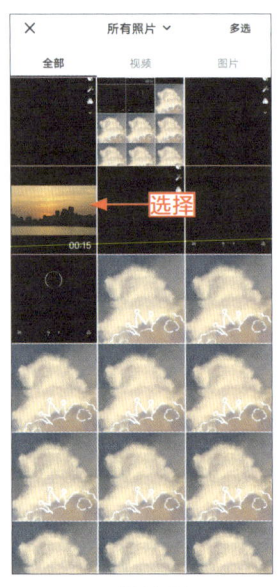

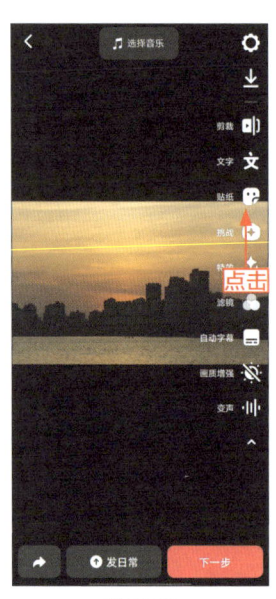

图 11-24　　　　　　　图 11-25

Step 05 执行操作后，弹出相应面板，选择"直播"贴纸，如图 11-26 所示。

Step 06 执行操作后，即可添加一个直播预告贴纸，并弹出"选择开播时间"面板，❶设置直播时间；❷点击"确认"按钮，如图 11-27 所示。

Step 07 ❶将贴纸拖曳至合适位置；❷点击"下一步"按钮，如图 11-28 所示。

Step 08 执行操作后，进入"发布"界面，❶输入视频标题；❷点击"发布"按钮，如图 11-29 所示。

Step 09 执行操作后，即可将直播预告短视频进行发布，在视频界面中会显示添加的直播预告贴纸，如图 11-30 所示。

第 11 章 直播带货：轻松实现年赚百万的梦想

图 11-26 　　　　　图 11-27

图 11-28　　　图 11-29　　　图 11-30

2. 预告直播信息

除了发布直播预告，运营者还可以通过编辑抖音号资料来对直播的相关信息进行预告，让用户一看你的主页就知道你的直播时间和内容。例如，运营者可以通过如下步骤编辑账号简介，对直播时间进行预告。

Step 01 在抖音App的"我"界面中，点击"编辑资料"按钮，如图11-31所示。

Step 02 执行操作后，进入编辑资料界面，选择界面中的"简介"选项，如图11-32所示。

图11-31　　　　　　图11-32

Step 03 执行操作后，进入"修改简介"界面，❶在界面中输入直播预告的相关信息，如开播时间；❷取消选中"将新简介发布到日常"复选框；❸点击"保存"按钮，如图11-33所示。

Step 04 执行操作后，即可成功设置简介内容，并返回编辑资料界面，"简介"选项中会显示刚刚修改的直播预告信息，如图11-34所示。

第 11 章 直播带货：轻松实现年赚百万的梦想

| 图 11-33 | 图 11-34 |

11.4 进行实时复盘

通过直播复盘，运营者可以快速了解直播过程中有待改进的地方，从而寻找更适合自身的直播带货方案。这一节，笔者就为大家讲解直播带货实时复盘的方法，让大家可以通过数据分析有效地提高自身的带货能力。

11.4.1 查看整体直播数据

运营者可以借助第三方平台中的直播数据分析功能来了解自身的带货情况。下面以抖查查数据平台为例，介绍查看账号直播数据的操作方法。

Step 01 打开并登录抖查查首页，❶在搜索框中输入相应抖音号名称；❷单击"搜索"按钮；❸在下方弹出的列表框中选择对应的达人号，如图 11-35 所示。

217

图 11-35

Step 02 执行操作后，即可进入"人物详情"页面，在页面右侧单击"直播分析"按钮，即可查看该账号在 30 天内的直播数据分析，如图 11-36 所示。

图 11-36

> **特别提醒** 运营者也可以单击相应的时间按钮，查看不同时间长度中账号的直播分析数据；还可以直接设置想查看的起始日期。

Step 03 向下滑动页面，运营者还可以查看账号在 30 天内的直播趋势图，具体包括累计观看人次、直播带货指数趋势、UV 价值和平均停留时长趋势图，如图 11-37 所示。

第 11 章 直播带货：轻松实现年赚百万的梦想

图 11-37

Step 04 运营者还可以在直播趋势图的下方，查看账号的直播开播时间统计和直播时长分布图，如图 11-38 所示。

图 11-38

11.4.2 查看单场直播数据

运营者不仅可以对账号的直播数据进行分析，还可以单独针对某场直播的数据进行分析。下面介绍具体的操作方法。

Step 01 单击"直播分析"页面中的"直播列表"按钮，即可查看该账号以往每场直播的开播时间、直播时长、人气峰值、观看人次、上架商品数、销量和销售额区间等信息，如图 11-39 所示。运营者可以结合这些数据，对某场直播的效果进行评估，并在此基础上总结有待改进的地方。

图 11-39

Step 02 如果运营者要了解某场直播的更多数据，可以单击该场直播右侧的"直播详情"按钮，即可进入"直播详情"页面，查看该场直播的相关数据和流量分析，如图 11-40 所示。

图 11-40

Step 03 单击"商品分析"按钮，页面会自动下滑至商品分析板块，这里展示了带货产出趋势图、GPM（GMV per mille，每千次观看的成交金额）趋势图和商品详情等数据，如图 11-41 所示。运营者可以结合这些数据来挑选销量更高的商品，提高直播间的成交率。

图 11-41

Step 04 滑动页面至顶部，即可查看该场直播的观众分析，了解直播间的粉丝趋势、点赞趋势、粉丝团趋势、弹幕趋势、弹幕分析和观众画像，如图 11-42 所示。运营者可以根据粉丝趋势，判断什么样的直播内容更受观众的欢迎；也可以通过观众画像的分析，并根据观众的特点打造观众更感兴趣的内容。

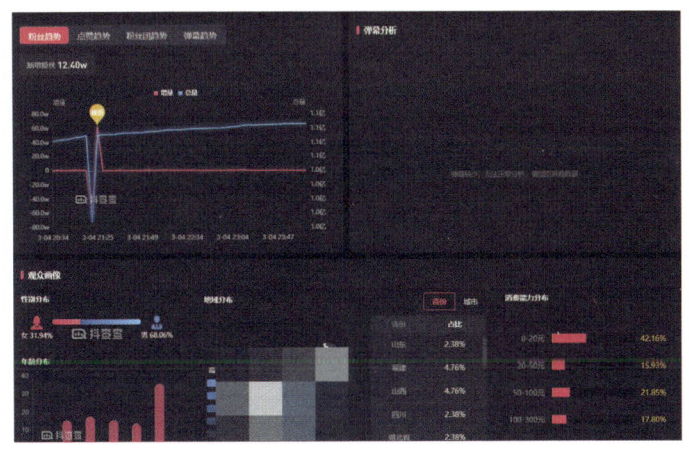

图 11-42

11.4.3 查看直播流量和带货能力

直播间流量的大小决定了直播间能被多少人看到；而直播间带货能力的强弱决定了直播间能卖出多少商品。一般来说，直播间的流量越大，带货能力越强，最后获得的收益也就越多。因此，运营者可以通过查看直播间流量和带货能力的数据来进行优化与调整。

Step 01 在"人物详情"页面中单击"直播流量分析"按钮，即可查看该账号在 30 天内的直播流量数据和流量来源，如图 11-43 所示。

图 11-43

Step 02 在页面的底部显示了根据直播流量数据绘制的图表，方便运营者更直观地了解不同时间的流量数据和流量来源，如图 11-44 所示。

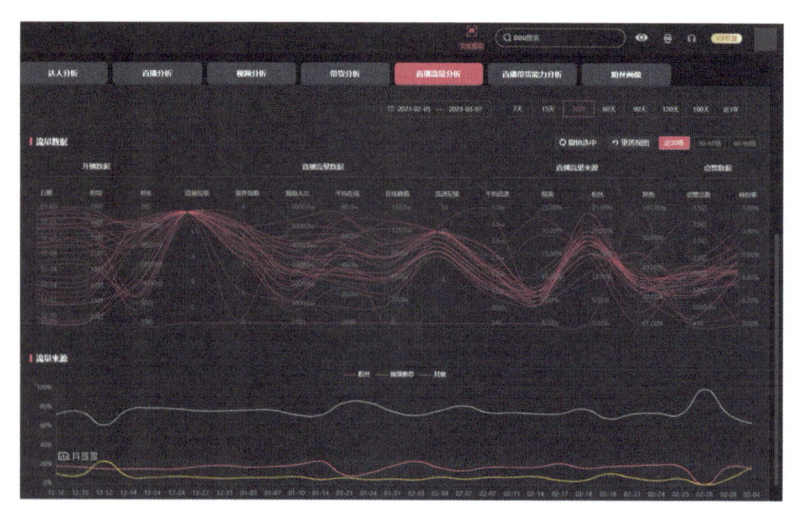

图 11-44

第 11 章 直播带货：轻松实现年赚百万的梦想

Step 03 单击"直播带货能力分析"按钮，即可查看该账号的带货资历、带货场次峰值分布、带货效果对比和受众消费能力等数据，如图 11-45 所示。

图 11-45

Step 04 将页面滑动至底部，运营者还可以查看直播间的热推品类、热推商品、热销品类和热销商品，如图 11-46 所示。

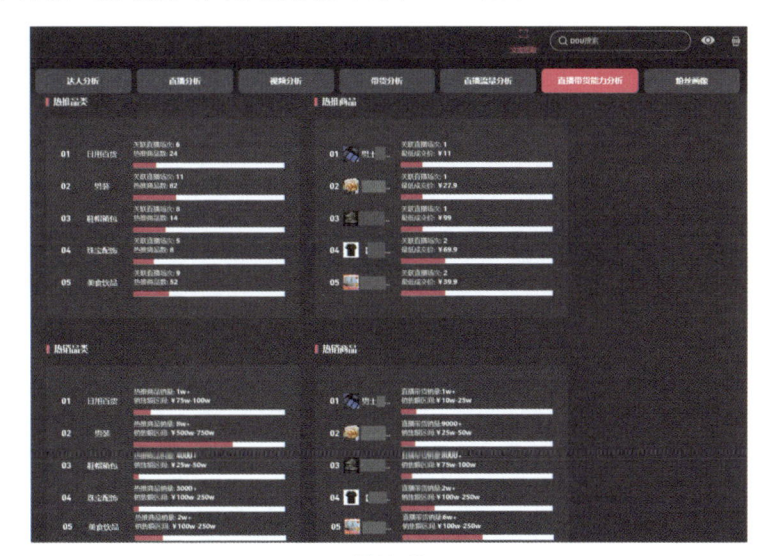

图 11-46